前　言

2007年4月，国务院下发《关于开展第三次全国普查的通知》，正式启动第三次全国文物普查工作。此次文物普查历时5年，分三个阶段进行，普查涉及范围广、质量要求高、技术手段新，要求对已登记的不可移动文物进行复查普查，重点做好新发现的不可移动文物的调查、登录工作。第三次全国文物普查作为我国国情、国力调查的重要组成部分，是确保国家文化遗产安全的重要措施，是我国文化遗产保护的重要基础工作。开展新一轮全国性文物普查，不仅将准确掌握新形势下洛阳市不可移动文物的实际变化情况，而且还会根据文化遗产保护的需要，将新的文化遗产品类纳入普查范围，予以认定、登记，扩大文物保护工作的范畴，对于促进洛阳市文化遗产全面、有效的保护具有十分重要的作用。

洛阳作为国家级历史文化名城和著名古都，伊、洛河流域和黄河沿岸是早期人类活动密集区域，早期人类遗址分布众多；在洛河沿岸分布着从夏商到隋唐时期的五大都城遗址；北部邙山面积广阔，历代墓葬分布集中；豫西地区古民居和乡土建筑分布较多。同时，还有丝绸之路和大运河等线形文化遗产，有涧西工业遗产和老城历史街区等，地下、地上文物遗迹分布十分丰富。新中国成立以来，洛阳市先后开展了4次文物普查，发现了一大批不可移动文物，对文物保护事业的发展产生了巨大的推动作用。结合第三次全国文物普查，开展新一轮全市文物普查，对于全面了解新形势下洛阳文物保护现状，从而采取有效保护措施，履行好保护和传承中华民族历史文化的职责，具有十分重要的历史和现实意义。

第三次全国文物普查工作开展以来，洛阳市按照国家文物局、河南省文物局的统一部署，制定了《洛阳市第三次全国文物普查工作方案》，市、县两级成立了文物普查工作领导小组，抽调专人组建了文物普查工作班子，开展了卓有成效的动员、宣传和培训工作。进入田野调查阶段后，针对各县（市、区）人员少、力量薄弱的特点，抽调10名专业技术人员，分成两个小组，协助各县（市、区）开展文物普查工作，解决技术和专业方面的问题。

在各级党委、政府的高度重视下，经有关部门的全力配合和各县（市、区）文物部门的共同努力，洛阳市田野普查工作已取得阶段性成果。到目前为止，普查队员共踏查乡镇158个，普查登记各类不可移动文物4274处，其中复查954处、新发现3320处，新发现文物点约占总量的78%。在工业遗产，传统民居，伊、洛河早期人类遗址等专项调查项目上取得重大收获，部分领域有重要发现。这些重要发现不仅是普查队员辛勤劳动的成果，也是普查视野扩大、保护理念创新的具体体现。

为全面总结第三次全国文物普查重要成果，宣传、展示河洛大地优秀的文化遗产和深厚的文化内涵，经市、县两级文物部门共同努力，我们编撰了《洛阳市第三次全国文物普查新发现》。该书汇集了此次文物普查中，全市具有较高价值和代表意义的新发现188处，其中遗址30处、墓葬10处、古建筑76处、石窟寺及石刻11处、近现代重要史迹及代表性建筑59处和其他遗迹2处。

目　录

遗　址

洛阳市第三次全国文物普查新发现

陈家门遗址

遗址位于栾川县城关镇陈家门村的村民居住区后面的山坡丘陵处。采集到的旧石器标本有石英石和石灰岩石等，器形主要有石核、石球、石片、砍砸器、斧形器、尖状器等。初步判定其为旧石器时代遗址。

遗址断面

采集石器

蝙蝠洞遗址

遗址位于栾川县庙子乡高崖头村大夹沟村民组道路东侧的低山山头顶部。原洞口位于顶部的一块大型岩石之下，宽1.4、高1米。洞穴进深27米，前段宽高均为3米，后半部最宽9、高5米。洞内被乱石和积土填埋覆盖，多处已形成较硬较厚的钙化层。采集到鹿角、鹿骨等动物骨骼化石，动物化石标本带有明显的类似砍削而断的痕迹。初步判定其为旧石器时代遗址。

遗址远景

采集遗物

采集骨器

上刘河遗址

遗址位于新安县铁门镇上刘河村，北高南低，南部、西部为玉梅河，东侧为村庄。东西长200米，南北宽90米，面积18000平方米。在遗址地表发现有石斧和红陶、灰陶器物残片。灰陶上有绳纹、方格纹等，可辨器形有陶罐、陶钵、陶豆、尖底瓶等。初步判定其为新石器时代遗址。

遗址全景

文化层内遗物

采集陶片

石门前梁遗址

遗址位于栾川县潭头镇石门村北的丘陵处，东西长417、南北宽均为203米。从遗址表面观察，土色黄褐，土质松软。在遗址地表及断崖处采集到的标本均为新石器时代的遗物，有石斧、红陶罐、灰陶罐、灰陶豆柄等。该遗址采集到的遗物虽少，但表明其经历了仰韶文化、龙山文化两个发展阶段。

遗址全景

遗址断面

采集遗物

赵家咀遗址

遗址位于新安县五头镇小庄村，东西长200、南北宽120米。在地表采集到陶器残片和石斧等标本。陶器分灰陶和红陶，纹饰有绳纹、线纹、素面等，可辨器形有罐和尖底瓶。据村民介绍，农耕时常见有石斧挖出。此为一处新石器时代文化遗址。

遗址全景

遗址断面

采集陶片

袁沟中遗址

　　遗址位于偃师市李村镇袁沟村伊河支流南岸的二级台地上，地势平坦，分布范围较广，东至村间公路，西至断崖，形状略呈带状，总面积约6万平方米。遗址内涵丰富，从地表采集到较多陶器残片，有泥质红陶和灰陶、夹砂红陶和灰陶，纹饰有绳纹、附加堆纹、方格纹、篮纹等，可辨器形有钵、罐等。从陶器标本推断，该遗址属仰韶、龙山、二里头时代。

遗址全景

采集陶片

符寨东北遗址

遗址位于偃师市大口乡符寨东北浏涧河南岸的二级台地上，东、西、北三面为浏涧河环绕，地势南高北低，呈阶梯状。东西长，南北宽，平面呈扇形，总面积约8.3万平方米。地面遗物丰富，散布有大量泥质黑彩红陶片、泥质灰陶片，夹砂灰陶、褐陶、黑陶、红陶片等；纹饰有绳纹、方格纹、附加堆纹、刻划纹等；可辨器形有钵、鬲、罐、盆等。该遗址文化内涵丰富，涵盖了仰韶、龙山、周代多个文化时期。

遗址全景

采集陶片

马寨西遗址

遗址位于偃师市大口乡马寨村西沙河东岸的二级台地上，东邻马寨村，其余三面环沟，地势西高东低。遗址中部有一自然沟将其分为东、西两部分，总面积约7万平方米，文化层厚度不详。地表散落的遗物有泥质灰陶和红陶、夹砂灰陶和红陶片，纹饰有篮纹、方格纹、彩绘弦纹、绳纹、刻划纹、线纹、附加堆纹等，可辨器形有鬲、罐、尖底瓶等。从遗物推断，该遗址涵盖了仰韶、龙山、二里头和周代等多个文化时期。

遗址全景

采集陶片

毛村东遗址

遗址位于偃师市李村镇偏桥村毛村自然村东部自然沟西岸的台地上，地势西高东低，呈缓坡状。遗址平面大致呈椭圆形，南北长约

500、东西宽约250米，总面积约12万平方米。从台地断崖处观察，遗址堆积较厚，多处见有陶片。遗址地表散落有大量的泥质灰陶和红陶、夹砂灰陶和红陶片，纹饰有篮纹、方格纹、绳纹、附加堆纹等，可辨器形有罐、盆、鬲、缸、大口尊、豆等。另采集到石刀一把。从标本分析，该遗址文化内涵丰富，涵盖了仰韶、龙山、二里头、商、周等多个文化时期。

遗址全景

断崖文化层堆积

采集陶片

尚庄遗址

　　遗址位于新安县铁门镇玉梅河，东为农田，南接园艺场职工住宅。东西270、南北190米，面积51300平方米。包含物丰富，在地表及北部断崖发现红陶、灰陶残片，纹饰有绳纹、方格纹，可辨器形有盆、罐、豆。遗址延续时间较长，涵盖了新石器时代至商周时期。

遗址全景

文化层堆积

采集陶片

孙家岗遗址

遗址位于偃师市佃庄镇河头村西，靠近孙家岗、李家岗、寨阌村的洛河故道与今洛河之间的台地。分布地域广泛，总面积达70余万平方米。地表发现的遗物有泥质红陶、灰陶和夹砂陶片，纹饰主要有细绳纹、粗绳纹、附加堆纹。陶片碎小，器形难以辨认。遗址内涵丰富，包括了仰韶、二里头、商、周等多个时期的文化堆积，但各时期遗址分布面积有所变化。其中仰韶、二里头、商文化堆积约7.5万平方米，而东周文化堆积达60余万平方米。由于该遗址紧靠洛阳汉魏故城遗址，另发现有大量汉魏时期的遗物。

遗址全景

采集陶片

台上遗址

　　遗址位于栾川县栾川乡台上村，分布范围较广，东西长3278、南北宽约736米。在地表发现有少量仰韶文化的红陶钵和龙山文化的绳纹陶罐残片。商周时期的遗物有鬲、盆、豆等陶器残片，元代的遗物有黑釉和黑花的罐、碗、盘等瓷器碎片，另有少量明清时期的青花瓷盘残片。该遗址涵盖了新石器时代、商周、元、明、清等多个时期。

遗址全景

采集遗物

瓦窑庄遗址

遗址位于栾川县叫河乡瓦窑庄村西清河北岸的二级平坦台地上，东西长187、南北宽248米，是一处规模较大的新石器遗址。在遗址地表采集到许多新石器时代的遗物，可分为石器、陶器两大类。石器中有石刀、石凿、石锯等，均为打制琢磨成形。陶器有盆、缸、罐、碗等，多为轮制素面，少有绳纹、篮纹，多为灰陶、黑陶，少有褐陶，器形较规整，年代为龙山文化时期。

遗址全景

文化层堆积

采集遗物

九鼎沟口遗址

遗址位于栾川县赤土店镇赤土店村九鼎沟口的平坦台地之上，东西长322、南北宽120米。从遗址表面观察，土色黄褐，土质松软。在遗址地表采集到龙山文化的陶器残片，分泥质陶和夹砂陶，陶色主要有灰陶、褐陶、黑陶，器形有鼎、罐、大口罐、碗、瓶等，纹饰有绳纹、篮纹、方格纹及素面，器形较为规整。此为龙山时代晚期遗址。

遗址全景

遗址断面

采集陶片

水牛沟遗址

遗址位于伊川县白元乡水牛沟村北的伊河二级台地上，东、西两边为断崖，南边紧邻村庄。该遗址文化层明显，厚度为1～1.5米。在断崖上发现多处灰坑，大多为直壁圆形。灰坑内包含物有红烧土、田螺残壳等。采集的遗物有夹砂灰陶、石斧等。陶片纹饰有绳纹、划纹，可辨器形有罐、鼎等。从遗物分析，这是一处龙山时代及商代文化遗址。

遗址全景

遗址断面

采集遗物

龙头山遗址

遗址位于洛宁县长水乡西长水村西南龙头山南侧，南临洛河，北靠郑卢公路，东南与刘营遗址相望。遗址平面呈半环状分布于龙头山半山腰处，东西长约40、南北宽约20米，总面积约800平方米。从断崖上暴露的情况来看，该遗址文化层厚1～1.5米。在遗址断崖处还发现有多处白灰面遗迹，均为多层叠压堆积，每层厚约2厘米。地表采集的遗物有泥质灰陶、夹砂灰陶片，纹饰有篮纹、绳纹等。由于陶片碎小，器形难辨。从遗物初步推断该遗址为龙山时代文化遗存，结合龙头山顶原有禹王庙，此遗址对研究大禹历史及其活动具有重要价值。

遗址全景

遗址断面

采集陶片

相留遗址

遗址位于孟津县小浪底镇相留村内，地处瀍河北岸的台地上，东西长350、南北宽200米，分布面积102000平方米。采集到的遗物主要为陶器残片和少量磨制石器。陶器有夹砂灰陶附加堆纹瓮形鼎、夹砂灰陶细绳纹深腹罐、泥质灰陶大口尊等。另有磨制石铲、石斧等。该遗址的陶器纹饰流行细绳纹和附加堆纹，深腹罐折沿近卷，大口尊的口径小于肩部直径，均属二里头文化特点。

遗址全景

遗址断面

采集遗物

刘营遗址

遗址位于洛宁县底张乡刘营村二组东侧、洛河南岸的二级台地上，西邻宜故公路，北倚洛河，西南环山，向北远眺龙头山，与龙头山遗址相对应。遗址平面不甚规整，总面积约5000平方米。地势东高西低，呈四阶台地，台地西边断崖处有灰坑暴露。地表发现有少量陶片，均为泥质灰陶，纹饰有绳纹、篮纹、附加堆纹、凹弦纹等，可辨器形有盆等。从暴露出的文化堆积以及采集的遗物分析，该遗址应为商周时期的文化遗存。

遗址全景 采集陶片

石人洼遗址

遗址位于新安县磁涧镇石人洼村，分布范围广，东西长320、南北宽90米。在地表发现较为丰富的陶片。南部断崖上暴露有丰富的文化层堆积，文化层厚1.2米，土色黄褐，土质疏松。遗物有红陶片和灰陶片，纹饰有素面、绳纹，可辨器形有陶罐、陶鬲、陶豆等。从遗物分析，应为一处商周时代遗址。

遗址全景

遗址断面

遗址位于栾川县栾川乡湾滩村，东西长1035米，东西两边南北宽均为128米，中部南北宽500米。采集到的遗物均为陶器残片，可辨器形有夹砂褐陶鼎形器和带斑陶鼎、泥质灰陶和褐陶瓮、罐、盆、豆等，器表多为素面，流行较细的绳纹，亦见附加堆纹。遗物年代为商周时期，以东周遗物最为丰富。

湾滩遗址

遗址远景

遗址断面

采集陶片

马陵古道遗址

遗址位于洛宁县东宋乡马村村西南，是崤山古道的一条歧路。古道狭长，3~4公里，地形险要，两侧山脉夹一山路，易守难攻。在村中关帝庙内现存有一通明代嘉靖二年（1523年）重修福胜禅寺的石碑，石碑背面附"儒生"聂君佐所作七律诗一首，名为《马陵景》。诗中写道"九川峪内军兵至，孙子庞涓斗智术"和"锦阳川首马陵道，济济玄通万古垂"。从诗本身的内容看，

锦阳川在古时又名九井峪，即现在马村所在地。而地处川首的马陵道至少在明朝后期时，就被认为是战国时期孙膑围攻庞涓的马陵之战（公元前431年）的发生地。目前，关于马陵之战发生地的说法颇多，有山东濮县说、河北大名说、河南新郑说等，马陵古道遗址为认定马陵之战发生地又提供了一条十分有力的证据。

遗址全景

遗址全景

重修福胜禅寺石碑背面

观沟遗址

遗址位于新安县五头镇东部，分布范围广，为一不规则梯形。在地表发现有较丰富的陶片等遗物。东部和南部遗址剖面暴露有丰富的文化层堆积，文化层厚度1.5米，土色黄褐，土质疏松。遗物有汉代的陶罐、陶盆、板瓦等。此为一处汉代文化遗址。

遗址全景

采集陶片

采集陶片

周公祠遗址

遗址位于偃师市首阳山镇石桥村东北，原有建筑均已荡然无存，现仅存一高约3米、面积约2000平方米的夯土台基。台基的断崖处和地表遗留有大量的外素内布纹筒瓦、板瓦等建筑材料。在夯土台基的附近、石桥村2组村民赵应奎家门外西侧现存有1通残石碑。碑仅存半截，青石质，高0.94、宽0.85、厚0.22米。碑上残存有"祠遗址"3字，阴刻楷书，推测该碑应为"周公祠遗址"碑。据村民讲述，石碑原有螭龙首、龟趺，现均已下落不明。根据清代乾隆年间举人张绍乾撰写的此碑碑文现残余文字内容，结合商城博物馆所收藏的《周公祠碑》碑文中所引《洛阳伽蓝记》中"首阳旧有周公庙，世隆欲以太原功比周公，故立此庙"，以及"碑旧在县西之石桥堡"的内容，推断周公祠创建于北魏时期。

遗址全景

石碑

遗址夯土台基断面

遗址位于孟津县城关镇保障村西的农田内。仅在梯田的断崖上发现烧窑1座，窑室局部保存较好，窑顶呈穹窿顶。窑壁的烧结厚度一般为15厘米左右，青灰色，质坚硬。窑室暴露宽度2.2米。在窑室的填土内采集到北朝的绳纹板瓦残片和矩形青砖残块。该烧窑位于洛阳北邙山的汉魏墓葬区或帝陵区，其修造与砖室墓的营筑有密切关系。

保障烧窑遗址

遗址全景

采集遗物

乾明寺遗址

遗址位于汝阳县刘店乡岘山村桥上组，面积达79954平方米。现存石灰岩碑刻一通，较大柱础两个。据碑刻记载，该寺始建年代不详，大齐天宝年名"头陀寺"，唐天成年名"天寿寺"，宋开宝年名"乾明寺"至今。该寺为岘山寺院系列的中寺，据传说寺院殿宇林立，气势恢宏，香火旺盛。寺庙西边曾建有七十二座迷魂塔塔林，规模较大，但历经时代变迁及"文革"之患，寺院及七十二迷魂塔建筑毁于一旦。

遗址远景

石柱础

石碑

遗址位于栾川县庙子乡庄子村委会西北约200米处的塔沟内，东西两边长均为78、南宽27、北宽13米。遗址区内现存石雕莲花塔体一件，直径1.6、高0.4、榫孔0.16米，鼓状塔体两段，分别为直径1.35、高0.9米和直径1.3、高1米。另有许多八角形石塔构件、长方体基石和圆形石柱础残块。据介绍，该塔林为洪洛寺僧人死后的藏身之处，明代年间洪洛寺被官兵烧毁，塔

洪洛寺塔林遗址

林随之被毁。其后塔基、塔体、石柱础等屡遭破坏，"文化大革命"以来塔石又被当地村民建房所用，洗抢一空。现在从遗址区内仅能见到零星散放的塔石残块，而遗址周围的河渠堤坝、地边石堰、大部分住户房屋院子的根基、台阶全为塔石残块所砌，至今在当地住户的房前屋后、路旁、场边都还堆放着大量被群众破开的塔石残块，待建房而用。根据所见塔体、塔基和柱础石上的雕凿手法推断，该塔林的初建时代为隋唐时代，至迟建于明初。

莲花座

塔体

塔石残块

塔体

塔石残块

云岩寺遗址

遗址位于嵩县白河乡东北16公里的上寺村，处在八百里伏牛主峰龙池曼怀抱中。据记载，云岩寺修建于唐元和年间(806～821年)，为唐代高僧马祖道一的弟子们创建，毁于明末李自成义军。遗址长约130、宽约90米，现存后殿地基及台阶，地表有大量的砖块和石制的栓马桩、石槽等构件。遗址最北处还发现有葬堂，以及大明正德十二年(1517年)古碑一通，碑身高大宽厚，碑文剥损严重。云岩寺在明代曾经较大规模重修。

后殿基址远景

明代碑刻

砖石残块

云岩寺塔林遗址

遗址位于嵩县白河乡上寺村，地处伏牛山脉南坡，其中心点距云岩寺遗址约500米，为云岩寺历代高僧埋骨之地。据记载，此处曾经集中分布各类塔共37座，现已毁坏殆尽，仅余部分塔基及建筑构件。有的塔基平面呈方形，以不规则石块砌成。构件有砖、石两种，以石构件为主，有六面体塔座、圆柱体塔身、六面体塔身等。推测此类塔为几个构件组建而成，而非用整块石料雕刻。

另据记载，早年地面尚存千佛塔，以砖砌筑，塔身雕有佛像。该塔林遗址属明代云岩寺遗存。

塔基局部

石构件

石构件

红椿寺遗址

遗址位于嵩县车村镇高峰村，包括遗址本体及石拱桥两部分。遗址为山寨围堡式，围墙全用石块筑砌，依山势而建，起伏蜿蜒。底宽3、高3、顶宽1米，总长1800余米，两侧出檐。东、南、北有三座石拱寨门，东寨门内是一条宽约10、长约100米的石阶步道，步道尽头是一个十几亩的巨大平场，内有拴马石、石碾、石磨以及坍塌的石墙等。遗址内有两通5.5米高、带碑楼的石碑，均篆刻"重修红椿寺记"，同立于明万历十七年四月（1589年）。石拱桥位于遗址外东北约500米处，为薄石条干砌而成，长50、宽5、高4米，有3孔，每孔跨径为3米。桥的外沿用雕凿精细的花岗岩镶嵌。此桥是专为迎接红椿寺的达官显贵而修建的。红椿寺建成于明万历十七年（1589年），神宗皇帝特命翰林院修撰，立碑留念，并悬挂"钦封伏牛山寺院之首"的金匾于寺庙东门之首。

遗址全景

红椿寺桥

东寨门

石构件

碑刻

遗址位于栾川县赤土店镇竹园村委员会背后的山坡台地上，现存东寨墙局部和南寨墙根基残部数段。东寨墙下部有寨门，寨门高3.5、宽1.5、厚0.85米，弓形顶，顶部口沿用石雕圈砌，石雕有卷云、花草纹饰。门内为进寨通道，至3米处被村民用石块垒堵。门外上部嵌有石匾，中间四大字因风化脱落严重难以辨认；上部三字小，却还清淅，为"云安寨"；上款为"清光绪三

云安寨遗址

年菊月"，明显为筑寨时间。寨墙均为砾石垒砌，现存部分高为4.5米。寨内呈台阶形平坦台地，路边另见有石碓臼一个，雕于自然岩石之上。从寨墙处观望，四面群山环绕，山坡陡峭，林木丛生，地势可守而不可攻。

遗址全景

寨门

石碓臼

墓 葬

洛阳市第三次全国文物普查新发现

伊尹墓

伊尹墓位于伊川县平等乡平等村西400米处。现存墓冢一座，坐北朝南，高5、周长56米，封土表面种有柏树10余棵，当地传为伊尹墓。伊尹（约公元前1630~前1550），商初大臣，名伊（另说名挚），尹为官名，今山东省莘县人，助汤灭夏，为汤重用，委以国政。汤死后，历佐卜丙、仲壬二王，后曾将太甲放之于桐宫令其悔过。伊尹在沃丁时卒于亳（今山东省曹县南），享年81岁，为商朝理政安民50余载，治国有方，世称贤相、三代元老。关于伊尹墓的具体位置一直有争议，有商丘虞城说、洛阳偃师说等。结合偃师商都西亳学说，推测伊尹墓应在洛阳一带。

伊尹墓全景

张村寨汉墓

张村寨汉墓位于洛宁县涧口乡张村寨村东南2公里的土塬上。现存圆形封土两座，东西向并列分布，封土均经过夯打。西侧封土现存高度约5、直径5～6米，夯土层厚0.10～0.12米。东侧封土高约6、直径约5米，夯土层厚约0.15米。两封土相距约25米。封土周围散落有大量的板瓦、筒瓦片及少量的陶片。瓦片外施绳纹，粗细不等，内部多施布纹。陶片多碎小，为泥质灰陶，器形难以辨认。当地人俗称此墓为宗师墓、老子墓。但从现场采集的遗物分析，该墓时代应为汉代。

汉墓全景

汉墓

封土夯土层

南坡东汉墓群

南坡东汉墓群位于汝阳县内埠乡南坡村东。当地居民在耕作土地时发现有大量的汉代空心花纹砖，据此认定为一处汉代墓葬区。根据当地民间传说和曾出土文物的情况，内埠乡南坡村一带在汉代时人类活动较为频繁。

东汉墓群远景

空心砖

空心砖

五龙汉墓群

　　五龙汉墓群位于汝阳县柏树乡五龙村庙疙瘩组东，面积75888平方米。当地居民在平整土地时发现有陶瓮、陶仓、陶壶、五铢钱、货泉等，据此认定为一处汉代墓葬区。根据当地民间传说和当地曾出土文物的情况，柏树乡五龙村一带在汉代时人类活动相当频繁。

陶仓

汉墓群远景

出土钱币

出土钱币

陶罐

长华无名冢

长华无名冢俗称将军冢，位于孟津县城关镇长华村。墓冢呈夯土丘状，高8、直径34.14米，面积约2870平方米，传为北魏时期元晖将军之墓。

无名冢远景

无名冢

昌营村石椁墓

昌营村石椁墓位于伊川县彭婆镇昌营村北约500米的万安山南麓。墓葬为一座平面呈"刀"形的土洞墓,方向192°,自南向北由墓道、过洞(天井)、甬道、墓室等几部分组成。墓道为长方形斜坡状。过洞和天井均为5个,南北向相间排列。甬道平面呈长方形。墓室为长方形土洞结构,中西部放置一仿庑殿顶石椁,平面为长方形,用规格不等的青灰色石材砌筑,以榫卯结构扣合。石椁表面雕刻有人物、花草、门窗等。墓葬已遭盗掘,依据雕刻工艺、风格、人物表情等分析,其时代为唐代。2008年9月,洛阳市第二文物工作队对该墓进行了抢救发掘。

墓葬全景

石椁

石椁

石椁表面雕刻

王良臣家族墓地

王良臣家族墓地位于伊川县平等乡四合头西北1000余米、龙王庙东500米的紫荆山之南，老坟沟之北。现有古墓葬7座，分别为：王良臣父王济川，其兄王良辅、王良弼，弟王良献，侄王帮大，叔王济玉及王良臣夫妇墓。其中除王良辅、王良弼、王济玉墓仍保存有残损的封土外，余已被夷平。现存古墓碑5通，墓志1方，除王济川、王良献外，余均有墓碑。且除王良臣墓碑为明万历元年（1573年）立外，其余4通为明嘉靖年间立。墓志为王良臣夫人阜阳郡主，刻于明嘉靖五年（1526年），部分碑志字体模糊。另在墓地四周立有方形墓桩3个（东南桩缺）。经实测，墓地南北75、东西150米，占地面积约17亩。王良臣生于明成化四年（1468年），弘治六年（1493年）进士，后官至南京御史，二品官阶。明史载赈灾有功。

墓地全景

碑刻

王良辰墓碑

张梅墓位洛宁县赵村乡张营村东的农田中。地表现仅存一圆丘形墓冢，高约2、周长约12米。张梅，字开，原籍福建漳州，福建延平府副总兵，清康熙八年（1669年）进驻中原，由西峡辗转驻扎永宁县，最后迁驻徐家原杏树坪，即现在的赵村乡张营村。当年郑成功收复台湾时曾随郑参战，战功卓著，被封为"骠骑将军"。张梅墓西距张营村其旧居约1公里。

张梅墓

张梅墓全景

张梅墓

王天相家族墓地

王天相家族墓地位于嵩县德亭镇黄村下西河自然村东，占地约400平方米，背靠山坡，前隔自然沟梁与王家大院相望。墓地共有古墓7座，分别为：王秉儒夫人墓，其子王进臣、王进忠墓、其孙王发科、王发举、王发财墓，其重孙王天相墓。封土犹存，但有不同程度的破损。碑刻3通，分别为王进臣、王进忠、王天相的墓碑，另有王天相墓志铭1方。

从墓碑和墓志得知，王家祖籍陕西同州府，自王秉儒开始从外地迁入此地。王天相在家族中官职较高，位至奉直大夫太学生，太宜人六品。墓碑及墓志为清嘉庆至道光年间，此墓地为清代中晚期王姓家族的墓地。

墓地全景

王天相夫妇合葬墓碑

王家世系碑

044

石溥墓

石溥墓位于嵩县大章乡任岭村的石家老坟中，墓冢现已被夷平，仅存墓碑1通。该碑为清代道光十五年（1835年）立，高1.6、宽0.65、厚0.17米。碑身四框刻有方格纹及人物图案，碑正面正中楷书刻有"皇清应赠登仕佐郎头考石公溥巷府君合茔"，阴面记述了石公溥任官经历和简单生平。石溥，名宏，字溥，原居于"县东向村村北，十七年迁嵩邑"。该碑建有石碑楼，碑两

侧由两块竖立的花岗岩石块护持，碑顶上有花岗岩屋脊覆盖，雕凿精美。碑楼整体宽1.03、高2、厚0.65米，坐西面东，雕有花纹。

碑楼正面

碑楼侧面

墓碑局部

古建筑

洛阳市第三次全国文物普查新发现

青龙寺塔

青龙寺塔位于嵩县白河乡云岩寺村上寺自然村东部的山涧之中。原为七层六角楼阁式建筑，现仅存四层，高12米。塔基用石条铺砌，青砖重叠而起，上镶二层釉彩陶琉璃花板。塔身中空上实，每层均有塔窗，陶饰斗拱12个，制方砖密檐，5～7层早期被毁。该塔与上云岩寺石塔林大致相同，造型别具一格，为同一朝代所建，具有一定的史料和艺术研究价值。据嵩县县志记载，云岩寺建于唐元和年间（802～821年），为唐代高僧马祖道一的弟子自在禅师创建，距今约1200余年，明代经过重修。初步断定该塔为明代遗物。

塔身远景

塔体局部

塔身砖雕

福胜寺位于宜阳县丰李镇李王屯村西，坐北面南，现存大雄宝殿、东耳房，均为清代建筑。大雄宝殿面阔五间，宽18.3、进深9.5米，硬山式砖木结构。七架梁，梁上多有彩绘，屋面部分覆以绿色琉璃筒瓦，正脊和垂脊雕有花草，正脊两端有龙形吻兽。当心间辟四扇隔扇门，两边各开三个槛窗。东耳房面阔四间，宽13.7、进深6.2米。寺院内散落有多个石柱础及建筑构

福胜寺

件，寺庙前有清嘉庆及民国时期重修碑5通。从碑文记载来看，该寺创建于唐代初期，明清时期多有重修。

福胜寺全景

大雄宝殿梁架

屋檐勾头及滴水

大雄宝殿正吻

寺内碑刻

古道观

古道观位于新安县铁门镇陈村，占地面积2600平方米，建筑面积322平方米。整座建筑坐北朝南，均为硬山顶。现存山门面阔三间，山门有3个门洞，圆券拱顶，门券高2.8、宽1.3米。门顶均有砖雕，书法浑厚，中门顶为"古道观"，西门顶为"定乾坤"，东门顶为"开天地"。东西厢房2座，房屋12间，近几年当地群众对厢房东座屋顶进行过翻修。观内有元代、清代碑刻5通。此观为清代建筑。

古道观外观

元代碑刻

山门及厢房

正脊

崇兴寺位于洛宁县涧口乡寺上村，现存前殿、东西配殿和正殿，其中前殿、配殿系近年在原有基础上重建。正殿为清嘉庆二年（1797年）重修，面阔三间，悬山式砖木结构，五架梁，梁上彩绘龙纹及花草图案，梁头做成卷云状，脊檩上墨书"大清嘉庆二年……"字样。寺院坐北朝南，屋顶覆灰色小板瓦，脊上雕花草图案，正脊两端及中心有龙形吻兽。大门开于明间，为四扇格

崇兴寺

扇，裙板上雕莲花图案。正殿墙体近年虽经新修，但其梁架仍系旧有，保留了原有风格。该寺始建于明朝初年，清康熙、嘉庆年间曾两次重修。

正殿

正殿门雕

正殿正脊

彩绘驼墩

慈云寺

慈云寺位于洛宁县赵村乡马营村，坐北朝南，现存献殿、东西配殿、正殿及钟楼。献殿面阔三间，悬山式砖木结构，五架梁，檩上有彩绘，木构件损毁严重。屋顶覆小板瓦，脊上雕花草图案，正脊两端有吻兽。檐下八组斗拱，额枋浮雕凤鸟、花草图案。正殿东侧有乾隆三十二年（1767年）立《重修慈云寺正殿碑》一通，月台前东西各立有一石狮。正殿东西各有一耳房。东西厢房面阔五间，硬山顶，脊檩上有彩绘，题有"乾隆三十五年"字样。钟楼也为悬山式高层建筑，损毁严重。该寺为清末建筑。

正殿及左右配殿

石碑

献殿

大宋关帝庙

大宋关帝庙位于洛宁县东宋乡大宋村小学院内，坐北朝南，现存前殿和正殿。前殿面阔三间，硬山式砖木结构，五架梁，前后辟廊，梁上彩绘花草图案。屋顶覆灰色筒瓦，脊上雕花草纹，正脊两端及中心有龙形吻兽。前后檐下有龙形、卷云状梁头，梁上有花草等图案。额枋上亦雕刻精美图案。前殿前有月台，南端正中有四级踏步。正殿面阔三间，硬山式砖木结构，五架梁前出廊，建筑风格与前殿基本相同。殿内两端山墙绘有壁画。现存清康熙十四年（1675年）碑刻和《创建关帝庙碑记》碑一通。此庙为清朝晚期建筑。

关帝庙全景

正殿

正殿檐下木雕

正殿正脊

正殿斗拱

黛眉庙

黛眉庙位于新安县石井乡东山地村西，占地面积200平方米。建筑坐南朝北，现存房屋3座共15间，歇山式建筑，布局完整。院内外、房上下随处可见精雕砖、木结构件。山门上书写有"黛眉行宫"四字。因年久失修，屋顶局部脱瓦。此庙为清代建造。

黛眉庙全景

正殿

伯乐泰山庙

伯乐泰山庙位于孟津县朝阳镇伯，建筑面积110平方米，坐北朝南。中间为东岳行宫泰山殿，长9.5、深7.3米，有房屋3间，正中间为泰山爷塑像，两旁有5尊塑像。泰山殿西侧为三宫殿，长8.5、深4.8米，殿内有5尊塑像。整组建筑均为硬山式建筑，灰色布瓦屋顶，房屋木结构件，殿内梁上有彩绘及年号，墙壁上绘有精美细腻的绘画。该庙建于清乾隆四十六年（1781年）。

泰山庙全景

泰山殿梁上华彩及年号

东墙壁画

西墙壁画

北冶祖师庙

北冶祖师庙位于新安县北冶乡北冶村，建筑面积532平方米，坐北朝南。现存房屋4座11间，均为硬山式建筑，灰色布瓦屋顶。院内外和房上下均可见精雕细刻的砖、琉璃瓦和木结构件。该建筑为清代建造。

祖师庙外观

碑刻

祖师庙外观

蔡店关帝庙位于汝阳县蔡店乡蔡店村。现存正殿一座，东西长9.5、南北宽7米，建筑面积66.5平方米，面阔三间，进深一间，硬山灰瓦顶，房高5.5米，屋脊有浮雕菊花图案和脊鱼海马等，柱架梁结构，柱础雕刻有图案，无前墙，两山与后墙墙体均为青砖修砌。庙内另存清道光碑刻与乾隆碑刻2通，现状较好。

蔡店关帝庙

关帝庙外观

山墙侧面

屋脊

石柱础

朝阳关帝火神庙

朝阳关帝火神庙位于孟津县朝阳镇朝阳村。整座建筑坐北朝南，东西长26.8、南北宽13.9米，面积373平方米。由南向北依次为山门、东西楼棚、东西配殿、大殿。山门长3、宽2米，东西楼棚长7.1、宽5.7米，东西配殿长7.1、宽4.1米，大殿长8.4、宽4.5米。整座建筑均为硬山式建筑，灰色布瓦屋顶，庙内外可见精雕细刻的砖、木结构件，梁上有彩绘、题记。此庙为清代建筑。

火神庙全景

西配殿门上文字

柱础

赤滩寨观音堂位于洛宁县小界乡赤滩寨村。现存正殿一座，砖砌台明。建筑坐南朝北，面阔三间，明间略宽于次间，硬山式砖木结构。五架梁，梁上绘花草、龙纹。筒瓦屋顶，明间屋顶处用绿色琉璃筒瓦。脊上雕花草图案，正脊两端及中心有龙形吻兽。檐下有精美的雕花斗拱，额枋与柱间施雀替，上雕草龙纹。檐柱柱础下为鼓形，上为柱形，形制较为独特。大门开于明间，

赤滩寨观音堂

左右次间各开一窗。殿内现存《重修观音寺工完记》、《重修观音禅寺碑记》古碑2通，分别立于明嘉靖二十三年（1544年）和天启二年（1622年）。据碑文记载，赤滩寨观音堂创建于唐朝，明代曾两次重修。

正殿前檐

柱础

檐下石碑

二郎村观音殿

二郎村观音殿位于汝阳县刘店乡二郎村。现存正殿一座，建筑面积22平方米，占地面积45平方米。坐南面北，为硬山灰板瓦顶，进深一间，面阔一间，屋脊可见精雕的脊鱼海马，剑柄斜插于鸱吻内。正面墙壁西侧镶有清代康熙年间《重修观音堂碑记》，墙壁东侧镶有2000年后重修观音堂碑记一通。殿前为长4.7、宽4.7、高0.9米的祭台。该建筑仍保持清代建筑风格。

观音殿全景

碑刻

磨窝村关帝庙位于新安县石寺镇磨窝村，建筑面积25平方米，坐东向西，建于一东西通道的石门洞上，硬山式砖木结构，为清代建筑。

磨窝村关帝庙

关帝庙外观

关帝庙背面

南村关帝庙

南村关帝庙位于洛宁县底张乡南村。现存正殿5间、献殿3间、东西厢房各3间、戏楼3间，均为硬山式砖木结构。正殿、献殿、戏楼保存较好，板瓦覆顶，脊上雕花草纹饰，正脊两端有龙形吻兽，山墙墀头雕花卉、瑞兽图案。戏楼为上下两层，上层用于演出，明间明显大于次间，五架梁，通檐用二柱，柱头枋上施雕花斗拱六攒。正殿及两厢房建于台基之上，台前两端有踏步可供上下。献殿脊檩上书有"大清乾隆五十六年十二月吉日创建"款记。该建筑始建于清代，后多次修缮，总体保持清代建筑风格。

关帝庙全景

戏楼檐下木雕

正殿背面

戏楼梁架

戏楼

茹店龙王庙位于汝阳县大安工业园区茹店村，建筑整体坐北朝南，东西8.1、南北10.9米，分布面积88.29平方米。现存大殿一座，面阔三间，进深一间，东西8.1、南北5.9米，建筑面积47.79平方米，硬山灰瓦顶，山墙用规整石块与青砖修砌，前墙与房脊现用水泥青砖更换，殿内四壁及梁檩有彩绘。此庙始建于清康熙四年（1665年），庙内

茹店龙王庙

现存有清乾隆十六年（1751年）和光绪八年（1882年）重修碑刻2通。

龙王庙外观

梁架彩绘

壁画

石柱础

碑刻

小庄白龙庙

小庄白龙庙位于新安县五头镇小庄村西，占地面积810平方米，整组建筑坐西向东，硬山灰瓦顶。现存大殿1座，面阔3间，为2层楼房，大殿门口有一对雕刻精美的束腰形柱础；北厢房面阔3间，顶部已坍塌。院内外房上下可见精美砖雕和木雕，北厢房房梁上可见精美彩绘图案。从建筑构件及结构看，应为明代创建，清代几经重修。另据村中老人讲，该庙原有碑刻十余通，文化大革命时期被毁。

白龙庙外观

白龙庙外观

梁架彩绘

肖圪塔祖师庙位于栾川县陶湾镇肖圪塔村，建筑面积220平方米，占地面积691平方米。建筑坐西北朝东南，现存正殿、左右耳房、西厢房及戏楼等共6座15间，均为木结构建筑，黛瓦屋顶。正殿的木作梁架上可见彩绘花纹图案，门东侧的墙壁上嵌有"创建圣公圣母石庙碑记"石碑。正殿、耳房、厢房与戏楼分别建在高差2.5米的二层台地上。戏楼坐东南朝西北，长9.9、进

肖圪塔祖师庙

深7.6米，建在石砌而成的墙壁之上，石墙内部为戏楼地下室。现存有清代碑刻3通、石香炉1座。该建筑始建于清代，后多次修缮。

祖师庙外观

焚香炉底座

石碑

张洼关帝庙

张洼关帝庙位于洛宁县西山底乡张洼村，现存献殿和正殿。献殿内顶呈卷棚状，为面阔三间的硬山式建筑砖木结构，六架梁，梁上彩绘云纹、花草纹、龙纹等图案；墙上有壁画，现仅存上半部；前墙经后人改建，房顶有近期修复现象。正殿紧邻献殿，高于献殿约80厘米，亦为面阔三间的硬山式建筑，五架梁，梁架上有彩绘，雕梁画栋，做工精美，墙上壁画残缺不全。正殿左右有古碑2通，分别为《重修关候庙碑记》碑和《重修关帝庙献殿碑记》碑，分别立于清乾隆年间和民国五年（1916年）。该建筑为清代建筑。

献殿和正殿内檐

献殿檐下木雕及彩绘

正殿檩

献殿梁架

曲家寨老君庙位于偃师市顾县镇曲家寨村西北，依东面山坡而建，现存有4座窑洞式建筑，分别为安阳宫、地藏宫、九祖大殿和观音楼。安阳宫位于东北角，面阔4.45、进深7.7、室洞内宽3.3米。窑洞内墙及窑脸用青砖砌筑。窑脸为上下两层的牌坊式结构，四根方形砖柱，中间辟1米宽的拱门。顶部用砖瓦雕砌出带檐椽的歇山式，窑脸青砖浮雕梅、兰、竹等花纹和神兽图

曲家寨老君庙

案及"安阳宫"匾，落款显示始建于清康熙八年（1669年），重建于雍正六年（1728年）。窑内墙两侧开5个神龛。地藏宫和九祖大殿基本南北并列，窑脸均为硬山式顶，中辟拱形门，门上部有砖雕及锯齿形纹装饰，在九祖大殿拱门上部一砖匾内刻"九祖大殿"及"民国十五年"（1926年）字样。地藏宫面阔3.6、进深5.6米，九祖大殿面阔3.3、进深6米。观音楼位于东南角，为上下两层。下层面阔5.5、进深7.5米，拱门上部砖雕出方框形带锯齿纹装饰。上层为面阔3.2、进深2.2米的硬山式建筑，屋檐下砖雕出檐椽及飞椽，其北侧有台阶供人上下。另在院内有清代碑刻4通，分别为清康熙八年、雍正六年重修老君碑记，另2通为神位碑和康熙二十年（1681年）伊河大涨碑记。在庙宇院内还残存有多个当时的石质建筑构件。该建筑是一处保存相对不错的清代至民国时期的窑洞式道教建筑。

安阳宫局部

地藏宫、九祖大殿和观音楼

观音楼

东关清真寺

东关清真寺位于瀍河区东关大街93号。相传始建于清乾隆年间，道光二年（1822年）寺设清真义学，咸丰八年（1858年）创建大殿3间、厦房3间，光绪三年（1877年）又建卷棚5间、遥志1间。清末民初，始具规模，有大殿5间、卷棚5间、遥志1间、讲堂10间、沐浴室3间、过厅5间、临街房3间、西厦房3间、大门1间。大殿内悬挂对联一副："学问道渊源经书怀抱九重天，念礼舍把聚昼夜不离方寸地。"有女寺一坊，建于1916年。1981年5月，省、市民委拨款维新后，寺貌大有改观，雕梁画栋，焕然一新。现为洛阳市伊协所在地。

清真寺外观

望月楼

黄大王庙石经幢

　　黄大王庙石经幢位于偃师市岳滩镇黄大王庙村黄大王庙正殿西侧村委会院内。经幢分幢座、幢身和幢顶三部分，通高4.86米。幢座为六棱柱体石雕，共分三层，直径1.1、高0.89米。幢座最下一层为覆面莲花盆造型台，六面均浮雕佛饰图案，其中四面已为水泥涂抹；中间一层六个棱上各雕刻一雄狮立撑台面，六面上浮雕兰草图案；最上一层为仰面莲花造型台，六个面均

浮雕有云龙图案。幢身为六棱柱体，六面均刻有楷书文字，正面中部阴刻"应难一切相发耨多罗三藐三菩提心"，竖行左上书"开封府蓝仪县信士同立"，右上书"康熙三年四月初八拜香庭碑记"，右下书"中华民国十三年桃月重立"，其余正面均刻写有信士姓名及布施情况。幢顶为莲花纽顶，下为六垂脊坡面，房坡浮雕花卉图案，亭檐为一覆面莲花图案，高约1米。此碑亭保存完整，雕刻精美，具有较高的研究价值。

幢顶

经幢全景

幢座

凉风亭

凉风亭位于嵩县田湖镇田湖村中部。该建筑为砖木结构,基础高3、边长4米,平面呈正方形,青砖砌筑,且开有用砖竖砌的"镂空窗"。基础上部为四根立柱围成的小亭,为四角攒尖式顶,檐椽外加飞椽向上挑出,额枋和檐檩间有精美的花卉木雕,正顶部刻有精品花蕾下垂装饰,顶部被改造过。亭子中间有楼道相通。整体布局保存完好,可能为地主宅院的一部分,作为平时休息娱乐之用,现已无人使用。此亭是一处风格独特的清代建筑。

凉风亭外观

翼角

檐下木雕

铁佛寺桥位于宜阳县赵堡乡铁佛寺村西50米处，建于一条南北向的小河沟之上，南临赵白路，东为铁佛寺村。桥长7、宽5、高6米，为单孔石拱桥。桥拱正上方有戏水兽，桥墩全部为青石条砌成。桥上两侧有石护栏，方形望柱，柱头做成覆斗状，栏板素面。该桥整体保存较好，局部破损，现仍在使用。该桥建于明代。

铁佛寺桥

铁佛寺桥全景

望仙桥

望仙桥位于偃师市府店镇府南村东的偃登古道上。桥为单孔结构，青石砌筑。桥长9.2、宽5.2、高3.3米，桥拱宽5、高2.4米。桥面用青石块铺砌，两侧护栏无存。由于此桥地处偃师至登封古道之上，交通繁忙，故曾进行过多次重修。据《偃师县志》载，明成化年间（公元1465～1487年）高经修、隆庆中、陈淑真就曾重修过此桥。

望仙桥全景

桥拱内部

桥上石桥位于汝阳县刘店乡岘山村桥上村民组，建于一条由南向北的岘山沟河上，为单孔石砌砖拱桥，由桥基、桥面、引桥组成。桥基用较规正长方体石灰岩修砌，两侧的桥基依岘山沟河的两侧河壁修砌，中部为一个跨度2.2、高2.5米的桥孔。桥孔上部为拱形券，拱券两侧面由5块弧形石灰岩组成，弧形石灰岩面部饰弦纹5道，内券由长方形青砖券成。桥孔的东西修筑有

桥上石桥

"八"字形石砌护坡。桥身残存0.7米。桥面用不规则的石块横列平铺，长8、宽4米。在该桥南部（上游）50米处有一宽2.5米的石砌水坝；南部（上游）60米处为石砌水渠的横断面，高4米，断面以南是一条长约500米的U形水渠。据村中老人介绍，该桥东南约10米处原有一修桥碑，记载该桥为清代刘店乡沙坪村一郭姓富户所修，该碑现已不存。

石桥雁翅

桥孔

龙溪石桥

龙溪石桥位于汝阳县蔡店乡妙东村，建于一条由东向西的涧沟河上，为单孔石砌拱桥，由桥基、桥面、引桥组成。桥基用较规正长方体石灰岩修砌，两侧的桥基依涧河的南北两侧河壁修砌，中部为一个跨度4.1、高3.4米的桥孔。桥孔上部为拱形单列券，内券用厚重的长方体岩石横列券，外券用较薄片石横列券。桥孔拱顶上部正中有一龙形水泻，龙首含珠向东伸于桥体之外，龙尾向西伸于桥体外；水泻为圆雕，雕刻精美。桥孔南部修筑有石砌护坡。桥面用不规正的石块平铺，长7、宽4米，两头筑有引桥。桥面上有两条平行的车辙。该桥始建年代不详。

桥孔

吸水兽

石刻

晃沟大石桥位于伊川县高山乡晃沟村，长12、宽5米。桥面两侧护栏原貌不存，下部为青砖垒砌，上为当时的青石条。桥为拱券式，拱券由14排青石条砌成，每块青石条长1、宽0.8米。桥拱跨度为6、高3米，正中心雕有龙，龙头朝东，龙尾朝西。拱券上为青石砌成的平台，两边均为料疆石砌筑。拱下河床也为青石条铺砌。桥底南端有补修布施碑，碑高1.6、宽0.8、厚0.17米，

晃沟大石桥

立于清道光二十二年（1842年）十二月。桥拱上方形匾额上书"大石桥"，为上世纪80年代重修时所刻。该桥为一座保存相对不错的清代石拱桥。

大石桥全景

桥面

吸水兽

南达宿石拱桥

南达宿石拱桥位于孟津县小浪底镇南达宿村。该桥由红石堆砌，全长30、通高7.1米，涵洞高5.1、宽3.5、深6米。据当地老人回忆，该桥建于清末民初。

桥体外观

桥体外观

石缝内镶嵌金属物

七贤石桥

七贤石桥位于汝阳县刘店乡七贤村。该桥为三孔石拱桥，桥面宽8、长16米，桥基高2米，拱券高1.5米。桥孔拱券均用长条形石灰岩横列券砌，桥基用较方正石块修砌。因河流改道，桥孔不再有流水通过。修建汝寄公路时，该桥东部路面用土石垫基加宽至11米。现为一座干枯且不通的桥涵，是原刘店乡至汝阳县城的一座较为重要的桥涵。

石桥全景

桥孔局部

新寨关氏望楼

新寨关氏望楼位于偃师市府店镇新寨村关庄自然村,坐北朝南,为一座四层的砖木结构建筑。楼东西长4.8、南北宽4.4、高15米,外形大致呈方形。建于一高约0.1米的青石台基上,通体青砖砌墙,楼墙厚实、坚固,硬山式屋顶,脊现已无存,灰板瓦覆顶。整座楼共设有圆拱形瞭望窗10个,其中二、三层南、北面每层各设1窗;四层南、北两面各设2窗,东、西两面各设1窗。四层6个窗户顶端用砖砌出窗檐,并有雕花图案。各窗台上均放置有防护用的鹅卵石。楼内有木质楼梯,可供人上下。据村里关氏后人介绍,该望楼系其先祖关玥于明崇祯十六年(1643年)修建,以防战争年月里的兵灾、匪祸为主要目的。该望楼建筑规整,风格独特,是一处保存较好的民间防御建筑。

望楼全景

内部楼梯

望楼底部

西管茅村东寨门

西管茅村东寨门位于偃师市府店镇西管茅村。寨门坐西朝东，青石砌筑，残存长度约6.5、残高约6米，残寨墙总厚度6.4米。寨墙北部残留有寨门，拱形门洞，券高3.05米，拱宽约2.52米。门券顶部及侧缘饰有石雕7块，均系浮雕，自南部起依次为石狮、游鹿、仙桃、神仙故事、佛手、青牛、舞龙图案，雕刻细致，画面形象生动。门券外缘镶嵌有筒形石柱加以稳固。寨门以

内残存门洞进深约4.8、南北宽约3.85米，洞顶石券全毁，侧壁上南北各留有1龛、2孔。此寨门为清末防卫性建筑。

寨门全景

寨门拱券

拱券下部

对仙寨寨墙

对仙寨寨墙位于汝阳县蔡店乡常渠村。此寨墙建于清同治年间，现仅存寨门楼以西一段，寨墙基宽4.2、高2、现有长度208米，全为不规整石块筑砌。由于年代已久，现存城墙已残缺不全。

寨墙墙体

寨墙局部

杜家寨门楼

杜家寨门楼位于汝阳县大安乡杜庄村。此寨门为杜家寨东寨门，东西长5.3、南北宽6.5、高9.2米。为二层混合结构建筑，硬山灰瓦顶；上层砖木结构，东墙壁建有一长方形瞭望孔；下层为杜家寨寨门，以较规整的长方形石块筑成，寨门宽2.7、高3.25米，其中拱券高1.5米，拱券正上方镶嵌有大清同治元年雕刻的"杜家寨"石匾一块。寨门为两扇对开门，由较

厚重的木板制成，保存基本完好，现在仍然可以开启关闭。

门楼外观

门楼石匾

寨门内部结构

温沟东寨门

温沟东寨门位于伊川县吕店乡温沟村东，修建于清同治二年（1863年），砖石结构。寨门总高5.5米，外拱门高4.2米，城门宽7.3米，门宽2.7米，进深6米。寨门墙体砌筑极为规整，砖缝白灰厚度一致。下部基础为青石砌筑，厚1.05米，基础上1.7米处加筑长条形青石条用以加固墙体。上部为青砖砌筑。门洞内有对称安装寨门的门插窝，为一整块方形石中间凿窝而成。寨门内北侧有当时看守寨门人员的临时居住场所一间，为砖石砌筑的窑洞结构，内墙有一放置灯台的小龛。寨门上方为三袱三平结构，上端部分损毁。该寨门是温沟仅存的一座清代古寨门。

寨门全景

门插窝

守门人窑洞

丰李镇城门

丰李镇城门位于宜阳县丰李镇丰李村西，建于清同治二年（1863年）三月十八日，为城之西门。砖石混砌，拱券结构。城门通高5.8米，内侧拱高5.1米，外侧拱高3.6米，门内侧厚5.2米，城门外侧厚1.2米。门内南侧券小窑洞，供守城人居住。城门正上方镶嵌青石匾额，雕正楷"丰李镇"三个大字，刚劲有力。匾额周边饰砖雕"丁字锦"边框。城门向南尚保留有城墙数米，用土及卵石夯筑而成，夯层厚0.18～0.2米。

城门全景

门上方匾额

南部城墙

田湖寨北门

田湖寨北门位于嵩县田湖镇田湖村北，现存北门址及一小段寨墙。寨墙残长9.6、高5.4、厚10.5米，寨门高2.60、宽2.55米，寨墙内为黄土夯制，外包砌青砖。北门相对保存较好，除拱门被改造外，余为当时原貌。寨门整

体平面近正方形，基础部分用条石砌筑，顶部用砖雕出仿木结构的檐椽、飞椽、斗拱及墀头。寨门正面拱形门上部开一长方形砖框，内写楷书"伊皋雄镇"四字，右为"田湖寨"三字，左刻"同治四年穀旦"。门两侧辟长条形框并镶石刻对联"山环水抱镇论谨广"、"天保人和屏藩巩固"。田湖地处伊川鸣皋南部不远处，为古鸣皋的重镇。该寨门始建于清同治四年（1865年）。

寨门外观

石楹联

门楣石匾额

永庆寨位于偃师市缑氏镇化寨村,依黄土坡地而建,坐北面南。现仅存南寨门一座和东、南寨墙各一段。寨墙为夯筑而成,南北残长105、东西残宽85.6米。南墙正中偏西处有一座砖石砌筑的寨门。寨门下部用石灰岩质青石砌筑,上部用青砖砌筑。门楼面阔5.6米,通高6.5米。拱形门洞,青石砌筑而成,宽1.5、高2.8、进深3.4米。寨门外墙右侧镶嵌有一块同治七年

永庆寨

(1868年)十一月二十四日镌刻的修寨碑记。门洞正上方有一重修匾额,其上阴刻"迎薰"二字,右侧刻"民国二十一年"(1932年)字样,左侧刻"永庆寨重修"字样。匾额上方镌刻有"守望相助"四个大字。寨门中间有青石台阶,向北呈斜坡状直通寨内,台阶总长23.2米。该寨子寨门结构规整,保存完好。

南寨门

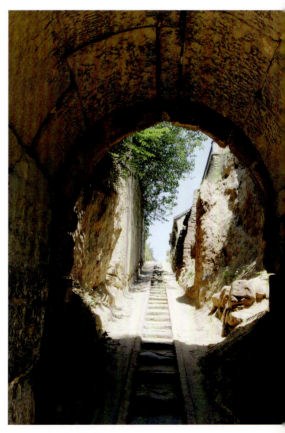

寨门内石台阶

古城寨乐台

古城寨乐台位于伊川县城关镇古城寨村。乐台建在高3.15米的台基上，占地面积约53平方米。面阔三间，进深两间，为五檩硬山式建筑。柱上直接架梁，无斗拱，檩和枋之间刻有木雕，中间雕荷花，两侧各雕一绣球。明间宽3.4米，次间宽1.6米，此设计正适合乐台的演出功能。从建筑技术及装饰风格看，为一清代乐台。

乐台外观

乐台下层通道

檐下木雕

府店东大庙戏楼

府店东大庙戏楼位于偃师市府店镇府店村东，是一处将庙宇山门和戏楼合二为一的硬山式砖木结构建筑。东大庙山门坐北朝南，分上、下两层。一层有3个拱形山门，东西二拱门宽1.2米，中门宽1.4米，高均为2.4米。二层正中有一长方形门匾，原应书有文字，两侧有方形拱顶窗户。背面二层为戏台。整座建筑面阔五间，长15、进深6.1、高约8.6米，青砖砌墙，板瓦覆顶。明间

略宽于次间，适合表演。五脊两坡，五架梁，脊上有雕花及龙吻，檐檩下有花卉图案木雕，额枋下有龙形雀替。木质楼板，上铺方砖。檐柱6根，中间4根为青石质八棱形，上刻对联两幅及"嘉庆二十二年（1817年）建"字样，底部为圆鼓形莲花座柱础。整座建筑气势恢宏，将庙宇山门和戏楼结合为一体，实属少见。

南面山门

北面戏台

胡岭古戏楼

胡岭古戏楼位于新安县石寺镇胡岭村，建筑面积80平方米，坐南朝北，两层硬山式砖木结构，面阔四间。门口有精美柱础一对，形状为下长方形雕花卉上鼓形，比较少见。整组建筑布局完整，气势雄伟。为清末建筑。

戏楼外观

戏楼外观

石柱础

瀍阳书斋位于孟津县城关镇寺河南村，占地面积50.2平方米，坐北向南。书斋长10.7、宽4.7米。面阔三间，两层阁楼，封括檐，下为券窑，上为瓦房。其下层券窑外壁上嵌有"瀍阳书斋"石匾，内有石碑1通。上层瓦房内镶嵌《瀍阳义学记》、《训蒙要略》2通石碑，文字内容均为义学创办人贾之彦所撰。据有关资料记载，贾之彦为康熙辛末年间钦点进士，曾封甘肃会

瀍阳书斋

宁邑侯，清康熙五十五年（1716年）辞官回归故里，在村中建立义学，启教后生。瀍阳书斋历经近300年的历史，至今保存较好。其保存下来的《训蒙要略》，仍有很高的价值。

书斋远景

书斋匾牌

室内碑刻

高峰石庙

高峰石庙位于嵩县车村镇高峰村华坡村民组的华坡岭上。该庙坐东朝西，面阔0.8、高1、进深0.6米。由七块石板（条）拼砌组成，分别为屋脊一块、前后屋面各一块、四面墙体各一块。屋顶为硬山式，屋脊雕出繁缛的龙形吻和宝瓶。屋面雕凿细致，为筒、板瓦相间，人面瓦当和滴水形象别致。前墙中开小拱形门，门两侧为圆形十字镂空窗，且"十"字有意做成弯曲状。山墙下部浮雕有植物图案，根、茎、花清晰可见。整座石庙置于一整块大石板上，石板下部为不规则石块垒砌。在石庙前方还摆有石供桌及石香炉。该建筑整体结构完整，初步推测为明代遗迹。

石庙外观

侧面雕花

屋面

狮子院白衣堂位于孟津县城关镇狮子院村。该祠堂南北长4.4、东西宽3.5、高4.5米，建筑面积15.7平方米。整座建筑坐东向西，灰色布瓦屋顶，房内顶部梁架雕刻精细，有绘画，梁上题有"大明天启六年（1626年）建修白衣堂功德……"字样。该祠堂总体布局完整，始建于明末。

狮子院白衣堂

白衣堂外观

白衣堂外观

梁上题记

西山底张家祠堂

西山底张家祠堂位于洛宁县西山底乡西山底村。现存献殿和正殿，均建于砖砌台明之上。该建筑坐北朝南，面阔三间，五架梁，硬山顶，屋面覆板瓦，脊上花卉图案。献殿后檐辟廊，后檐下施斗拱六攒，其中明间平身科两攒，次间一攒，各斗拱正心瓜拱皆雕成草叶状。正殿前檐辟廊，檐下平板枋上亦施雕花斗拱，明间辟四扇隔扇门。该村张姓为赵村乡张营骠骑将军张梅后代。张梅祖籍福建漳州，曾任清朝福建延平府副总兵。该祠堂即张梅家族的家庙。

祠堂献殿

献殿檐下木雕

正殿梁架

大许杨公祠位于洛宁县赵村乡大许村，现存门楼、戏楼、献殿、正殿等。该建筑坐北朝南，门楼面阔三间，硬山顶，檩上绘有精美彩绘，檐下施雕花斗拱。据脊檩题记记载，该建筑建于民国二十六年（1937年）。戏楼正对献殿，为面阔三间的双层硬山式砖木结构建筑，其前檐下亦施精美的雕花斗拱，并施彩绘。为适应演出，明间明显大于次间。戏楼脊檩上书"民国二十四年"

大许杨公祠

题记，但据其木构，应该为民国年间重修。献殿和正殿均为面阔三间的悬山式建筑，五架梁，前檐施雕花斗拱。正殿前檐辟廊，梁头、额枋均经细雕。据檩上题记知两殿分别建于清嘉庆和乾隆年间。

门楼

戏楼

献殿及正殿

东仇雷家祠堂

东仇雷家祠堂位于洛宁县马店乡东仇村，现存正殿一座，坐北朝南，硬山式砖木结构。面阔三间，宽10、进深7米。屋顶覆灰色板瓦，脊上雕花草，正脊两端有吻兽。檐下平板枋上施斗拱，雕刻精美。山墙墀头、下碱以及后墙下碱部分用青砖和石块砌筑，墙心为土坯。前墙原有木制雕花门，已被毁，现为红砖所砌。该建筑虽经修缮，但总体保留清代豫西民间建筑风格。

正殿

前檐

斗拱

丰李李氏祠堂位于宜阳县丰李镇丰李村，坐北面南，现存有正殿、献殿和临街房，除献殿外均为硬山式砖木结构。正殿面阔三间，七檩带前廊，正脊和垂脊雕刻有花草图案，正脊两端有吻兽。墀头雕刻有耕读吉祥图案。献殿面阔三间，卷棚顶砖木结构，墀头雕刻有花草图案，脊檩上有"民国四年（1915年）二十七日动土、十月十一日上梁（重修）"字迹。柱础为八面

丰李李氏祠堂

体，中束腰，下几腿。临街房面阔三间，正、垂脊亦雕有花草，正脊两端原有吻兽。据院内碑文记载，现存主体建筑为明永乐年间宰相李贤后人于清乾隆四十四年（1779年）重修。

献殿和正殿

两殿墀头

献殿柱础

碑刻

东高屯高家祠堂

东高屯高家祠堂位于伊川县彭婆镇东高屯村，现存一进院，坐北朝南，由大门、耳房、拜殿和正殿组成。大门一间，两侧有耳房，均为硬山式砖木结构建筑。大门屋顶为灰筒瓦铺设，墀头及檐下有精美的砖、木雕。大门上方有"高家祠堂"木制匾额。耳房为板瓦覆顶，结构较简单。拜殿主要由对称的四根石柱支撑，属卷棚式建筑，石柱下有方座扁鼓形柱顶石，柱子上刻有对联两副，其中一副不详，另一副为"青齐分派谟猷□□□二守"、"东曹呼名姓氏辉煌配三餐"。正殿为砖木结构，双面坡，屋顶为板瓦铺设，前廊檐柱为方形青石质，柱顶石形制同拜殿，石柱上刻对联"木本水源礼乐诗书功德远"、"气闻优见频繁俎豆孝思长"。该建筑的砖、木雕形象生动，六根阴刻对联的石柱精美绝伦，为一处保存较好的清代祠堂。

祠堂外观

献殿

祠堂局部

上高廉氏祠堂位于洛宁县底张乡上高村，现存门楼、戏楼、东西厢房、献殿以及正殿。该建筑坐北朝南，除门楼外，均为面阔三间的硬山式建筑。门楼为垂花门形式，刻有"廉氏祠堂"字样。献殿内挂"太康儒学"、"名振士林"、"辉增黉序"三块匾额，均为清光绪年间。献殿脊檩上墨书"道光三十年（1850年）十月初三日"。献殿外两侧立有清嘉庆四年（1799年）和道

上高廉氏祠堂

光七年（1827年）碑刻各一通。正殿内壁上墨绘山水、花草屏风，梁架上亦彩绘花草图案。戏楼分上、下两层，额枋上雕刻二龙戏珠及花草图案。现存建筑为清光绪年间重修。

门楼

戏楼檐下木雕

戏楼西门

刘庄乔氏家庙

刘庄乔氏家庙位于孟津县小浪底镇刘庄村。该建筑坐北朝南，东西长12.1、南北宽5.3米，门楼长2.7米。门楼内东面墙壁上悬挂中华民国二十四年"节孝慈惠"匾1块，匾长1.5、宽0.8米；西面墙壁上悬挂中华民国二十二年"家声培振"匾，匾长1.9、宽0.95米。门楼内东侧立有1通清道光二十三年石碑，为乔庄修建祠堂碑记。

家庙全景

东墙石碑

大门

双堂赵家祠堂位于栾川县栾川乡双堂村，建筑面积200平方米，占地面积280平方米。建筑坐南朝北，房屋3座9间，均为硬山式，青砖黛瓦，木作梁架结构建筑。由上房、东西下房、门楼四部分组成。上房为正祠，建于1米高的台基之上，台基用砾石砌成；中部一间为出前沿，前沿的边沿及台阶用石条铺砌而成，前沿东西两侧立有沿柱2根，两柱底部均有石柱础；柱的顶端檐

双堂赵家祠堂

房下部为板额，板额可见简单的木雕纹饰。两座下房对称，门窗相互对应。整组建筑均为土墙，局部用土坯补砌，并有青砖、砖雕、烧陶等建筑材料装饰。该组建筑布局严谨，气势雄伟。为清末建造。

门楼

墀头

山墙

孙村孙氏家庙

孙村孙氏家庙位于洛龙区白马寺镇孙村正街南，坐北朝南，长方形院落，占地面积1153平方米，建筑面积129平方米。现存拜殿3间、硬山式四架梁敞篷建筑，无脊双坡灰筒瓦布顶。正殿为硬山式土木结构建筑，五脊十二兽双坡灰瓦顶，大殿为五架梁无廊结构。2005年进行过维修并整体向西移动1米，拜殿东山墙有简易灰砖照壁。该庙始建于清咸丰九年（1859年）。

家庙外观

檐下木雕

孙氏世系碑

楼村郭氏老宅位于洛龙区李楼乡楼村幸福街34号，坐北朝南，面阔五间。现存建筑为一南北向长方形院落，中轴一线院落二进，规整有序。保存有建筑倒座、东厢房及照壁、过厅。倒座台高0.6米，为硬山式砖木建筑，五脊双坡灰瓦布顶，五架梁北出廊，门额上方自西向东木刻有12个直径0.3米的"汾阳世第"等圆形篆体字，檐梁有5块精美木雕。东厢房面阔3间，硬山式单

楼村郭氏老宅

坡灰瓦布顶，其南山墙上建有一砖雕照壁。西厢房已毁，原址上建成砖混结构平房。过厅为硬山式砖木建筑，五脊双坡灰瓦布顶，五架梁前出廊，中门为14扇格子门。现存建筑建制基本完整，顶部出现部分下陷。为一处清代民居建筑。

正房

门厅门楣木雕

木雕

雀替

照壁

薛村吕氏民居

薛村吕氏民居位于新安县铁门镇薛村，分南、北两院，均坐北朝南，四进四合院。北院占地面积2800平方米，为"大夫第"，属文学公次子吕益恒，"大夫第"三字为宰相刘墉所书。此宅是吕氏民居中保存最完整的一所四进四合院。大门内为迎门照壁，中央是一个砖雕的龙头。临街房整体为倒座和走马门楼。主宅、后院皆有角门，主宅西侧设有小巷，供临人行走。小巷西侧为车马棚。北院系吕氏薛村始祖清附生文学公兆琚率三子仿照南京明代官府式样于康熙二十五年（1686年）建造。南院即"参军第"，占地面积1483平方米，硬山式建筑，据说是薛村吕氏家族最兴旺时所建。临街房、过厅、二厅和上房均面阔五间，并且各个小院中对厦皆出前檐，形成走廊。整座院子东设小巷，西有花园，档次很高。南院建筑于清乾隆五十四年（1789年）。

北院

南院厢房

北院二层楼

南院砖雕

南院临街房

张梅旧居位于洛宁县赵村乡张营村。该宅院为四合院式布局，分前、中、后三院，坐北朝南。前院和中院保存较好，后院绣楼和其他建筑损毁严重，所存无几。大门位于院子东南角，进门转西入前院，院南设倒座房。前院中轴线上设砖拱式二门。中院面积较大，东西各三间厢房，正北为上房。上房规模较大，面阔三间，进深近十米，当地俗称"方三丈"。院内现存清嘉庆

张梅旧居

元年（1796年）《大清河南府正堂林大老爷仿照旧历永免永安里差徐碑》石碑一通，记载官府免张姓89年赋税之事，内容十分少见。张梅字开，原籍福建漳州，福建延平府副总兵，曾随郑成功收复台湾，战功显赫，被封为骠骑将军，于清康熙八年（1669年）移兵永宁，驻扎永安里（今张营村），死后葬于张英村东。墓冢仍存。

临街房

正房及厢房

免税碑

上庄王家大院

上庄王家大院位于洛宁县下峪乡后上庄村的洛宁、栾川、卢氏三县交界处。相传王氏先人清初意外发现李自成藏于山中的银库而暴发，大兴土木建此宅院。现存建筑有东西两院和花园。东院有东西绣楼紧邻，均为两层建筑，面阔五间，硬山顶，下层为砖、石混砌窑洞。西绣楼上层已毁，仅余下部窑洞。西院保存较好，现有东西厢房10间和上房5间，均为硬山式砖木结构。花园为四合院建筑形式，尚存东西厢房和上房。其上房面阔五间，五架梁、硬山顶，覆板瓦，前檐辟廊，檐柱柱头施斗拱。前墙为木雕隔扇墙，中间三间辟门。王家大院建筑风格独特，建于清初。

东院

西院上房

照壁

仓头郭氏民居

仓头郭氏民居位于新安县仓头乡郭庄村，建筑面积260平方米。整组建筑坐北朝南，现存房屋3幢房9间，硬山式建筑，灰色布瓦屋顶，房上下可见精雕细刻的砖、木结构件，总体布局完整。倒座檩杆上可见明确建造年代为清咸丰四年二月。倒座外墙上绘有文化大革命时期的毛主席像一幅，色彩艳丽，形象生动。此为一处保存较好的清代民居。

民居外观

正房

壁画

崔沟崔氏民居

崔沟崔氏民居位于孟津县朝阳镇崔沟村。现存临街5间、过厅4间、东厢房2间、上房窑洞3孔。该建筑多为硬山式，宅院青砖瓦舍，布局对称。房上有五脊六兽等装饰，现存有木雕、砖雕及匾额等装饰。该建筑建于清嘉庆二十二年（1818年），是崔氏家族兴盛时期建造的官宦住宅。现为村民崔正印民宅。

临街房内侧

过厅

民居大门

上房

大阳河贾家民居位于孟津县城关镇寺河南村大阳河村民组，由西向东依次为过厅、东西厦房、上房等。整座院落东西长34、南北宽14米，建筑占地面积476平方米。其中，厦房长10.2、宽4.4米，上房为3间二层阁楼，长11.1、宽8.5米，均为硬山式建筑，灰色布瓦屋顶。总体布局较为完整，具有清晚期豫西民居建筑风格。现为村民贾东立、贾志亮宅院。

大阳河贾家民居

大门

上房

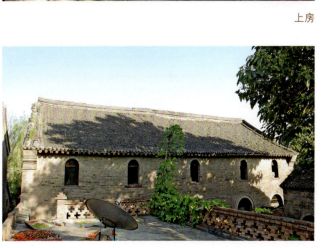

上房二楼

北厦房

光明村王氏民居

光明村王氏民居位于偃师市山化乡光明村中部，北部为一东面向深沟。该民居是由1道影壁、2座临街房、2座二门、2组共4座厢房及1组正房所组成的一组大型建筑群。影壁位于大门对面，下部用砖石砌出基础，中心部位用方砖竖斜向平砌，上书一"福"字。临街房、厢房均为硬山式双层砖木结构。临街房均面阔三间，大门位于右侧一间，门前有砖石砌筑的方形门墩，门上方有额枋和雀替，青砖砌墙，灰板瓦覆顶，正脊两端有龙吻，垂脊上雕有花草。二门位于两座厢房前檐墙之间，砖木结构，内侧有二门柱支撑，门柱间上有木板，顶覆筒瓦。厢房均面阔六间，单面坡顶结构，中间两座厢房共用一条正脊，脊上均雕花草，青砖砌墙，板瓦覆顶。正房依断崖开筑窑洞结构，外墙包砌有青砖，洞外顶部垒砌有花墙。该民居群前庭院、后窑洞的布局颇具特色。

民居全景

临街房

门外影壁

军屯王氏民居

军屯王氏民居位于洛龙区安乐镇军屯村老南街，坐北向南，始建于清宣统元年（1909年）。原建筑为中轴一线三进院落，三所相连各面阔三间。现存建筑为东西走向三所9间街房，均为硬山式土木建筑，五脊双坡灰瓦布顶，五架梁中西6间单出廊，顶部进行过简单修缮。中间3间廊坊悬挂有一块精美木匾，室内存有两副木刻对联牌及一块嘉奖木雕刻匾。该建筑具有一定的历史与艺术价值。为一处清末民居建筑。

上房

牌匾

牌匾

乔员外老宅绣楼

乔员外老宅绣楼位于偃师市府店镇夹沟村员外街北边，坐北朝南，为一座三层的砖木结构建筑。绣楼面阔11.2、进深5.5、高10.8米。墙体为土坯垒砌，外包青砖到顶，硬山式屋顶，灰板瓦覆顶，房脊上有精美的雕花和龙形吻兽，房檐砖雕有花卉图案。绣楼一层低于宅院地面约1米，为砖券窑室，北边开有密室门。

一层中部从地面起有13级青石台阶通往二层，两侧饰有精美的青石栏杆。台阶上方二层处有砖券拱形门，门上方为一扇对开的木制窗，两侧各有一八角形的小窗户，做工精美，古朴雅致。通过券门可进入绣楼内。二层楼内用方砖铺地，右侧为套间，左侧北部有云梯可通三层。三层为闺房，木质楼板。该绣楼原为清代一乔姓员外老宅的重要组成部分。

绣楼背面

楼顶内部

楼沿

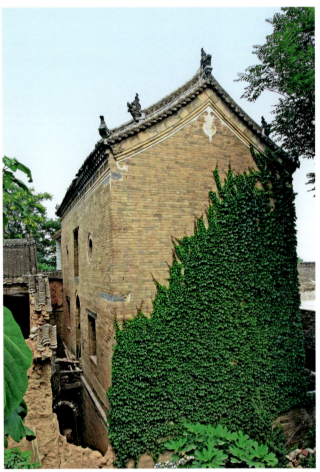

绣楼全景

庙上商氏民居位于洛宁县上戈镇庙上村。该建筑由四所宅院组成，自西向东一字排开，分别为井院、中院、西院、小西院等。四宅院布局相同，坐南朝北，由临街房、东西厢房和上房组成，共占地2800平方米，现存房屋62间，均为硬山式砖木结构。临街房面阔三间，东次间开大门。厢房单坡顶，双层结构，上层作为仓储之用。上房亦作双层，前檐辟廊，台基前有踏步。井

庙上商氏民居

院大门内有木制护板，上书"避风亭"字样。井院临街房院内门上有隔板，书"吉星高照"字样。井院门前有古井一眼。部分建筑破损严重，经多次翻修改建，仍保持清代民居风格。

宅院全景

宅院外观

厢房及上房

圣王台李氏民居

圣王台李氏民居位于汝阳县小店镇圣王台村，现存上房、东西厢房和门房，总建筑面积221.2平方米。上房坐北面南，面阔五间，进深一间，东西长13、南北宽5.3米，面积68.9平方米；东厢房面阔三间，进深一间，南北长10.2、东西宽5.6米，面积57.1平方米；西厢房面阔三年间，进深一间，南北长10.2、东西宽3.3米，面积33.6平方米；门房坐南面北，面阔四间，进深一间，东西11、南北5.6米，面积61.6平方米。整体建筑对称布局，均为硬山灰瓦顶，有鲫鱼海马，墙体部分青砖修砌，部分夯土与土坯修筑，有大门、二门和照壁，建筑雕刻精美。为一处保存较好的清代民居，现为村民李生旺宅院。

民居外观

过道门

照壁

孙村孙氏民居位于洛龙区白马寺镇孙村正街。民居原为四所相连院落，现仅存23、27号两所院落，均坐北朝南，硬山式砖木结构，灰板瓦覆顶。23号院为长方形院落，中轴一线院落二进，规整有序，保存下来的建筑有临街房、东西厢房、二门楼、过厅。临街房和过厅为五架梁双坡，过厅为五脊前出廊，东西厢房为单坡。27号院现存东西厢房和过厅，厢房为单坡，过厅为五脊

孙村孙氏民居

双坡，五架梁前出廊。所有建筑顶部均出现少部分瓦脱落。该民居为一处保存较好的清代建筑。

临街房

一进院

石雕

万和堂民居

万和堂民居位于栾川县冷水镇冷水沟万和堂村，建筑面积531平方米，占地面积721平方米。坐西朝东，现存2座上房、6座下房，计25间，均为硬山式建筑，青砖灰瓦，木构梁架。该建筑为土木结构，有的夯筑而成，有的土坯垒砌而成。西北角即上房北端的山墙处有一地堡，现已塌陷填实，可见进口处的石砌拱圈。根据建筑形式及木雕构件分析，该建筑为清末建造。

上房

地堡

雀替

温沟温氏民居

温沟温氏民居位于伊川县吕店乡温沟村西,西与省级文物保护单位温沟民居相邻,由前院和后院两部分组成。前院现存临街房和东西厢房。临街房面阔四间12.6、进深6.4米,坐南朝北,硬山式砖木结构,分为二层,门墩为两石鼓。东西厢房面阔9.1、进深4.2米。三座房屋均经维修,正房现已不存。后院正中有硬山式双面坡门楼,长3.6、进深4.9米。门楼上方刻有"大

夫第 同治十二年(1873年)"匾框,内外两侧有整块石雕,外雕葡萄、兰花,内雕牡丹、石榴,墀头上雕有人骑瑞兽图案,门口有扇形脚踏石,正脊、垂脊上雕有凤、鱼、花等图案。门楼两侧有两耳房,低于门楼,耳房各长4米。西耳房0.4米处有西厢房,面阔9.1、进深4.2米,山墙上浮雕有花草。厢房分两层,二层上方中间开有一方扇窗,两边有圆形透气孔。东厢房和正房现已不存在。该民居是具有较高艺术价值的清代建筑。

二进院

民居外观

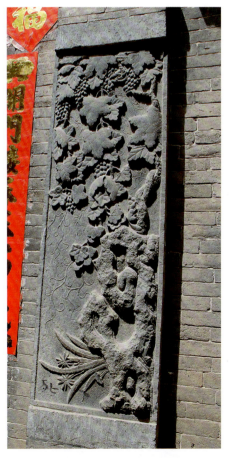

砖雕

温沟温氏绣楼

温沟温氏绣楼位于伊川县吕店乡温沟村，西距省级文物保护单位温沟居约30米。现存绣楼主体一间，共两层，两旁有耳房各一间，坐南朝北，为砖木结构的硬山式建筑。大门位于一层中心，门上原有一块长方形匾额，现已损坏。绣楼主体面阔3.85米，高9.5米。二层上开有长方形木窗，正脊、垂脊均雕有花草纹图案。两侧耳房面阔各3.85米，下部为青砖包砌，土坯墙外有土草泥，墙上有一对栓马石。硬山脊上也有花草纹图案，两端有对称吻兽。绣楼主体和两耳房均为灰瓦覆顶，主体高于两耳房，略显精巧。该建筑是伊川县目前仅存的一处清代绣楼。

绣楼屋顶

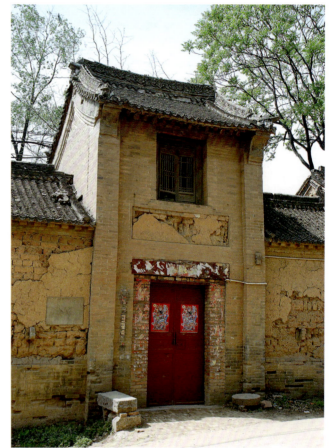

绣楼

吻兽

西山底朱氏民居位于洛宁县西山底乡西山底村朱家胡同。现存三座宅院，街南1座，街北2座。北面两座宅院现存临街房与厢房，均为硬山式砖木结构，东院面阔四间，西院面阔五间。厢房均面阔三间，系在原有基础上重建。南面宅院为二进院落，保存基本完整，均为硬山式砖木结构。临街房面阔三间，当心间开大门，屋内设屏门。过厅进深近十米，为方三丈建筑布局。南宅现

西山底朱氏民居

存房屋共23间，部分建筑檐下有雕花木饰，门窗均有雕花和格形图案。据朱氏家谱记载，该建筑建于清道光年间，建筑群工程浩大，显示了当年朱氏家族的殷实。

北宅东院临街房

南宅过厅和厢房

南宅临街门

下西河王家大院

下西河王家大院位于嵩县德亭镇黄村下西河自然村。现仅存一座院落的第二进院的部分建筑，有上房、厢房和门楼。上房建于高约0.60米的台基上，面阔五间，宽14、进深8.8米，硬山式砖木结构，板瓦覆顶，五架梁带前廊，梁架结构简单，无斗拱。南厢房为面阔三间的硬山式砖木结构，墀头上雕出竹节、几案、人物等图案，面阔10.5、进深7.9米。门楼为硬山式，上部浮雕有"福寿楼"三字。门已缺失。门楼外门楣上雕八仙，花草、松树等富含吉祥寓意的图案。该大院背靠后岭，与王氏家族墓地隔自然沟渠相望，相距约200米，为一处清中晚期当地大户人家的宅院。

院落外景

墀头

二进门楼

杨天文故居位于伊川县鸣皋镇邢庄村村内。现存一进院落，有临街房和上房各一座，均为砖木结构，坐北朝南。临街房为带后廊的硬山式建筑，面阔三间，门开于东，门的上端有木制雕刻牡丹花一朵，脊为砖雕荷花，在门墙的两侧有砖雕墀头，进深7.8、高6.5米，小瓦覆顶，屋檐损坏，在前廊房檐下有木刻的花纹形木雕及人物图形。院落长12.5、宽11米。上房形制同临街

杨天文故居

房，为带前廊的五架梁硬山式建筑，建于高台基上，檐下木雕及柱础石均雕刻精美。杨天文为清代举人，在陕西任咸阳知县，护理永宁兵备道，事江南安徽庐州知县多职。

正房

临街房

木雕

119

窑沟陈家庄园

窑沟陈家庄园位于偃师市庞村镇窑沟村，原有院落多处，现多已拆除，仅存几处分散的单体建筑，均为硬山式砖木结构。庄园整体坐北朝南，现存有临街房、厦楼、上房、水井等。临街房面阔三间，正门开在东侧一间，屋内有木质棚板将房屋隔成上下两层。厦楼上有砖雕斗拱及檐椽，为一处院落的东侧厦楼。上房面阔三间，亦为双层结构，土坯砌墙，外包青砖，正脊上雕有花卉图案及龙吻。厦楼西北不远处有水井一眼，至今仍在使用。庄园周围多处散落有石柱础、屋脊等构件。整座庄园规模宏大，结构规整紧凑，但保存较差。从建筑风格推测，该庄园为一处清代建筑群。

临街房

水井

张玉麒故居位于孟津县城关镇牛步河村，为一处典型的清代院落。现由3孔窑洞组成，坐北向南，西窑洞宽3米，中窑洞宽3.5米，东窑洞宽3米，整组窑洞东西长16、南北进深10米。窑洞上方的墙壁上镶嵌一张玉麒为故居题写的匾额，上书"瀍上吾庐"四个大字，匾长0.98、宽0.38米。张玉麒，又名张辂（约1785～1844年），字德如，号幼轩，洛阳人。出身寒门，自幼天

匾额

张玉麒故居

资聪颖，过目成诵，奋志勤学，出口成章，誉为神童。总角应试，十二岁游庠补廪。历任清嘉庆辛酉进士、吏部主事、湖北乡试大主考、贵州学政、钦差户部坐粮厅、道光四年山东沂州知府、道光七年登州知府、道光十九年天津知府。

故居外观

121

正村姬氏民居

正村姬氏民居位于新安县正村乡古村村，建筑面积260平方米。整组建筑坐北朝南，现存房屋4幢12间、倒座3间、东西厦房各6间、上房3间，均为阁楼式。总体布局完整，硬山式建筑，灰色布瓦屋顶，房上下可见精雕细刻的砖、木结构件。倒座门口撺头上雕有"人杰地灵，吉祥平安"字样。为一处清代民居。

民居全景

东厢房

西厢房

麦秸坪古井位于偃师市府店镇安乐村麦秸坪自然村，修建于清道光五年（1825年）七月二十四日。井口直径0.46、深约20米，用青石围砌，南侧立有两块青石板。南边一块形状为长方形，宽0.47、厚0.20、高1.07米，石板背侧竖刻"道光五年七月二十四日"十字，石板通体修凿痕迹明显，刻字左侧有一长方形榫；北边一块青石板下宽上窄，近似梯形，最宽0.40、

麦秸坪古井

厚0.21、高0.97米，通体也有修凿过的粗痕，上方有"U"形榫，两榫之间用木棍作架，架上安装辘轳，现已无存。麦秸坪古井铭刻有纪年，较为罕见。

古井全景

古井全景

南侧石板题记

石窟寺及石刻

洛阳市第三次全国文物普查新发现

石寺镇石窟

石寺镇石窟位于新安县石寺镇西沙村西，南为畛河，西侧紧邻新安煤矿西风井。该窟凿于整块石块上，青石质，石块下部埋于土中，地表显露尺寸长4.1、高2、厚约3.5米。洞窟内高1.3、进深1米。洞窟门高0.9米。窟内有佛像7尊，主佛在中，左右各有3弟子，佛像面部残缺。窟门左右各有一浮雕兽（兽头残缺）。从造像特征分析，石窟应开凿于北魏时期。

石窟全景

石窟

石窟内部

养子沟三清殿

养子沟三清殿位于栾川乡养子沟村养子沟，为一隋唐时代石窟。该石窟开凿于山顶的一块与山体相对独立的巨石内，巨石周长31.3、高26米。巨石南侧石壁凿一窟门，窟门宽1.4、高1.9米，弓形顶。洞窟高2.5米，穹隆顶。窟内周壁遍布线刻浮雕图案，可辨花纹有忍冬纹、卷云纹、宝相花等，藻井处的花纹已难以辨识。窟内原泥塑已失。门东侧雕有龙头仍在，西侧雕有虎头

已毁失。窟门外部的石壁上现存有架梁、安柱的石榫孔，石榫孔下部又见凿有人字形石槽，可证窟前原筑有砖木结构的建筑。窟内周壁线刻浮雕采用平直刀和圆刀相结合的方法。该石窟附存有塔身一段，莲花盆一个，现存养子沟村后沟组的农户院中。另存有清道光已酉年冬卢氏县知士刘道原为该石窟所题《山高水长，至尊三清》碑刻一通，现立于山下的塔石处。

三清殿外观

石碑

殿内石刻

王家岭摩崖石刻

王家岭摩崖石刻位于孟津县城关镇杨庄村王家岭自然村内，宽1、高0.8米，由1个主佛像、4个菩萨像和4个力士像组成。石刻右部有两组阴刻旁体，左部有一宽0.2、高0.4米的菩萨像。从造像特征分析，该石刻应开凿于唐代。

摩崖石刻远景

大佛像

小佛像

练庄石塔位于洛龙区关林镇练庄村南三街与青年街交叉口。石塔高2米，自上而下呈四方房檐递增状，共9层，顶部为圆盔形凸尖型，底部有0.4米高的底座，底座四面均有阴刻精美的双人物图案。其出处不详，群众称"眼光奶奶塔"，传说治疗眼疾有特效。由于多次被盗，为保其安全，村民将其底座和下四层砌于地下。

练庄石塔

石塔

《龙马记》碑

《龙马记》碑位于孟津县会盟镇雷河村龙马负图寺内，镶嵌于伏羲殿内墙壁上，碑高1.4、宽0.5米。碑文为清代王铎所书，记述了龙马负图、伏羲画卦的事迹。

石碑拓片

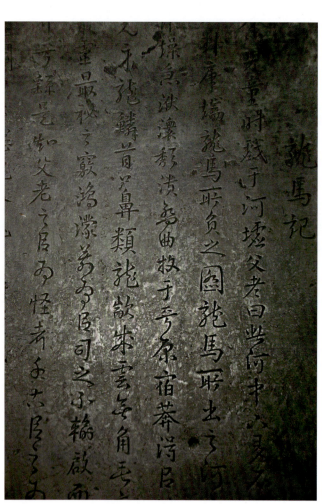

石碑局部

还金山碑

还金山碑位于洛阳市孟津县会盟镇花园村。碑长0.16、宽0.65、厚0.13米，正面刻有"还金山"三个大字，背面为一篇题为《拾金处》的碑文。石碑断裂成三节，约2000字的《拾金处》碑文因字迹较小，雕刻较浅，加之右下部分风化严重，部分字迹难以辨认。该碑是一通记载雍正皇帝对拾金不昧者进行褒奖的石碑，为清雍正六年（1728年）所立，距今已有近300年的历史。

石碑正面

创修覆庙茶亭碑记

创修覆庙茶亭碑记位于偃师市府店镇来定村姜树庙南墙东侧壁上，宽0.6、高1.5米，为大清嘉庆四年（1799年）十月十五日立。碑首身一体，上部碑额正中刻有"创修覆庙茶亭碑记"八字。碑文字迹较为清晰，记述了偃邑古亳胜地地理位置的重要性和来定地界古时为交通要冲，但行人至此旅途劳顿之苦，以及任福会与众人共议建茶亭以方便行人的事情。碑身右半部刻有当时捐资建亭人的姓名、钱数等，是一通十分重要的功德碑，尤其是碑文中"偃邑古亳胜地成汤建都之所周武偃兵之处也"字句，为研究偃师商城的性质提供了极为重要的实物证据。

创修覆庙茶亭碑记

石碑远景

黛眉山碑刻位于新安县峪里乡和石井乡的黛眉山顶，共有3通石碑。其中，"金妆黛眉圣母、广生圣母、观音大士诸法像碑记"，位于峪里乡黛眉山顶，高1.07、宽0.5米，上刻"金妆黛眉圣母、广生圣母、观音大士诸法像碑记"，为清道光二年（1822年）立；"创建药王山神二殿碑记"，位于峪里乡黛眉山顶，高1.04、宽0.5米，上刻"创建药王山神二殿碑记"，为

黛眉山碑刻

道光二年（1822年）立；"金塑神像碑记"，位于石井乡黛眉山顶，残高0.4、宽0.34米，为双面碑，正面上刻"永垂"，右边刻"金塑神像碑记"，左边刻"大中华民国"，背面上刻"不朽"，碑文为捐资名单，局部字迹不清。

金妆黛眉圣母、广生圣母、观音大士诸法像碑

金塑神像碑

禁伐树木碑

禁伐树木碑位于嵩县田湖镇小安头村后坡朱家老坟中，清道光十一年（1831年）朱家第七代孙朱文运、朱逢吉所立。石碑高1.71、宽0.64、厚0.13米。碑正面刻有"皇清蒙邑仁侯秦太爷严禁盗伐朱氏先茔树木碑"，主要内容是：划定朱家坟地的范围，"朱氏先茔后应西严，前临樊水，周围两千余亩"；坟地外的祭田，"有一顷余，东至张德魁，西至西沟崖，南至朱姓，北至赵姓，四至俱有角石可凭"；由于平日有盗伐现象的出现，官方为此规定了惩罚措施，"如再有不轨之徒胆敢盗伐损坏树木者，执住无分同异姓，送官究处，决不宽恕"，以此来保护坟地的树木。

石碑

石碑局部

芦院碑刻位于新安县铁门镇芦院村文化大院内，共有碑刻2通。"合同碑"，位于芦院村文化大院内，高1.48、宽0.56、厚0.14米，上刻"协议浇地"及"村规民约"，楷体，碑文局部字迹不清，为道光二十六年（1846年）立；"邑贤侯西崖冯老父师创建义学碑"，位于芦院文化大院内，高1.65米，碑首高0.77米，碑座高0.23、宽0.66、厚0.20米，为咸丰二年（1852年）所立，保存完整，字体为楷体。

芦院碑刻

邑贤侯西崖冯老父师创建义学碑

135

合同碑

合同碑背面

杨庄石碾位于孟津县城关镇杨庄村。碾盘直径1.7、厚0.23米。石碾子两端粗细不均，粗端直径0.47米，细端直径0.44米，高0.55米，年代为清代咸丰年间（1851～1861年）。现当地居民仍在使用。

杨庄石碾

石碾

石碾

石碾子

近现代史迹及代表性建筑

洛阳市第三次全国文物普查新发现

铁门杨氏民居

铁门杨氏民居位于新安县铁门镇铁门村，建筑面积122.8平方米，占地面积172平方米。

民居坐北朝南，建于民国十一年（1922年），房主为铁门村的杨国祯，杨清末曾任襄郏县县官，后创办洛阳热电厂。该民居原有上房三间（现已拆除新建），现存东西厢房12间，砖木结构，建造精良，别具一格。厢房前沿下部1米为砖砌，上部全部为窗棂结构，利于室内通气采光。门窗木雕比较细腻，至今保存比较完整。该民居兼具豫西风格和江南风格，是新安民国民居之典范。

民居外观

厢房

门窗

老城北关牧师楼

老城北关牧师楼位于偃师市城关镇老城北关村。该楼整体为青砖砌筑，东西长11、南北宽10.3米。屋顶为四面坡，镀锌瓦铺设，上残存4个塔状通气柱。在屋檐下及一、二层外墙的中间四周以罗马柱形砖雕装饰。北墙上写有"神爱世人"四字。整栋楼分三层，地下一层，地上二层。地下一层为地下室。地上第一层共3个房间，其中最西边的一间房为南北相通的套间；地上第二层共8个房间，每个房间的墙体上开一小型储藏室。地上一、二层均为木质地板，木楼梯从地下室盘旋通至3楼。该楼为天主教堂——福音堂的附属建筑。福音堂是由美国人白牧师于1922年建造的，原规模较大，现仅存这座牧师楼，是偃师市境内首次发现的西式建筑。

牧师楼顶部

牧师楼全景

李庄李家碉楼

李庄李家碉楼位于汝阳县上店镇李庄村，建筑面积20.24平方米。整体建筑坐西朝东，东西长4.6、南北宽4.4、高9米，为三层砖木结构建筑。东面面壁底层建有高3.6、宽2.3米的青砖拱券门口。该建筑7米高处中央镶嵌有雕刻"迎曦"二字的石匾，左右对称分布两个方形炮眼，8.5米高处建有一六边形观望孔。房顶为青瓦硬山顶。该建筑结构整体保存较好，现仍作为交通和储藏之用。

碉楼外观

碉楼背面

正面匾额

李庄阎家碉楼

李庄阎家碉楼位于汝阳县上店镇李庄村南部，建筑面积22.09平方米。整体建筑坐西朝东，东西长4.7、南北宽4.7、高8米，为二层砖木结构建筑。东面面壁底层建有高2.85、宽2.42米的青砖拱券门口。6.5米高处中央镶嵌有雕刻"凝祥"二字的石匾，为猴套镇李家庄村于"民国九年二月立"。正上方建有正六边形观望孔，左右对称有两个长方形炮眼。房顶为青瓦硬山顶。该建筑结构整体保存较好，目前仍具有一定的交通和生产生活价值。

碉楼外观

匾额

石匾、瞭望孔及窗户

民新学校位于伊川县白元乡夏堡村西部。现存上房1座，坐北朝南，硬山式砖木结构，五架梁，面阔六间，宽17.8、进深9.2、高10.8米。该房分上下两层，一层与二层之间由木板隔开，木板上铺有小青砖。每三间一个教室，教室间有门相通，每间教室后墙有两个方形窗户。第一层中部两间有两个木门，门上方有拱形窗，东西各有4个小窗户，窗户上方由竖砖券顶；东西

民新学校

各有小偏门，中间通窗，有梁柱相隔，窗下有护板。二层东西山墙上又有两小木窗。从整体上看，正脊上有龙、凤、牡丹花等花形砖雕，且两端有吻，垂脊上有花草纹砖雕图案，垂脊顶部覆一排筒瓦，双坡为灰板瓦铺顶，墀头较为精美，顶柱下有鼓形、六角形、方座柱础。据屋檩题记，该学校建于民国二十一年（1932年），由校长杜元勋建造，为洛阳地区第一所初中、高小学校。

学校外观

正脊

屋檩题记

刘富石寨门

刘富石寨门位于洛龙区关林镇刘富村，紧临伊河。为防匪患和战乱，民国二十六年（1937年）筑建村寨。原寨墙环村一周1000余米，寨门楼由青石构建，寨墙均为夯土构建，寨墙上可行大车。村寨分东、西、南三个寨门。东寨门上有寨楼，取名"望东楼"；南寨门取名"同乐寨"。文革期间寨墙及东西寨门被拆。

石寨门

内部结构

碑刻

汤泉寨门位于偃师市山化乡汤泉村西沟，建于民国三十一年（1942年），为汤泉村旧寨南门。寨门为砖石混筑券式拱门，高3.6、宽4.1、深5.8米。下部金刚墙为红砂岩砌筑，高1.8米。上部为青砖起券，三伏三券，门顶镶有石匾，现被水泥覆盖。门上建有碉堡，面阔三间，五架梁硬山式砖木结构，屋顶覆板瓦，墙体为青砖砌筑，背面明间开门，门两边各开一窗。屋内用木板分

汤泉寨门

割为上、下两层，有木梯可供上下。在碉楼四面墙体上均有供防御的机枪眼，东西墙各2个，北墙上部2个，南部上部有4个方形枪眼，下部有两个圆形枪眼。汤泉寨门建于抗日战争期间，具有明显的军事防御功能，是民国时期河洛地区典型的城门建筑。

寨门背面

寨门

寨门梁架

小寨碉堡

小寨碉堡位于孟津县会盟镇小寨村，呈正八边形，周长10.4、直径3.4、高1.5米，北面有两个枪眼。为抗日战争时期修筑的军事工程。

碉堡外观

李屯抗战地堡位于洛龙区龙门镇李屯村东南1.5公里制高点的台地处，面南，具体建设时间不详，主要用于防御。主体用钢筋水泥浇注，外形呈正八边形，盔型圆拱顶。地表高2.05米，地表下0.7米，正南为入口，东南、东、东北三方向设有瞭望（射击）口，室内瞭望口下有方形壁窝。

李屯抗战地堡

地堡外观

地堡入口

地堡内部

汉陵中学门楼

汉陵中学门楼位于孟津县白鹤镇鹤南村，长14.65、宽7.4米，共有房屋5间。建于民国时期，现为教育场所。

扁额

门楼全景

刘茂恩司令部旧址位于新安县正村乡白墙村，占地面积214平方米。整组建筑坐南朝北，现存一院，房屋共计3座9间，正房前出檐2.3米。门口上有半圆形砖雕券，上雕人物、花卉、鸟、花瓶等，雕工精美。大门口有门墩1对，左雕"喜"字，右雕"福"字。此司令部旧址应为1944年5月日军一部攻克新安之前刘茂恩部的驻地。刘茂恩(1898～1981年)，字书霖，河南巩县

刘茂恩司令部旧址

人。1944年率国民党第十五军驻守洛阳，又奉命兼任豫西警备司令。1948年8月，辞河南省政府委员及省主席，9月调任总统府战略顾问委员会委员，中华人民共和国成立后去台湾，1958年任总统府国策顾问，1981年4月24日病逝于台北，终年83岁。

门窗砖雕

全景

嵩县抗日民主政府旧址

嵩县抗日民主政府旧址位于嵩县车村镇车村街。现存房屋3座，均为小灰板瓦覆顶的硬山式建筑，土坯墙，青砖下碱，花瓦脊，重脊叠兽，整体保存一般。抗日民主政府于1945年5月29日成立，当时河南省军区司令部司令员王树声、政委戴季英等领导在关帝庙办公。八路军为消除国民党丑化我党我军的谎言，在关帝庙及时召开会议，成立嵩县抗日民主政府，办公地点设在陈伯方家中，主要领导有县长马伊林、县委书记王英先等。该政府的主要任务是：宣传党的抗日主张，号召各阶层联合抗日，实行减租减息，废除苛捐杂税，减轻人民负担，并搞退地活动。虽然嵩县抗日民主政府成立不足两个月，但是播下了革命火种，对嵩县人民的抗日起到了巨大的作用，影响很大。

全景

墀头

全景

屋脊

河南大学浴池旧部位于栾川县潭头镇汤营村汤池沟的静安寺东南约30米处，现存房屋3间，长11.3、宽6米，为二坡式砖木结构，青砖砌壁，灰瓦屋顶。房屋东面二间各开一窗，西面中间开门，南北二间又各有一窗，门窗、顶瓦均被更换，已破烂不堪，近期正在扩建修缮。由于历经更改，屋内浴池也无存留。

河南大学浴池旧部

浴池旧部正视

浴池旧部侧视

康广清故居

康广清故居位于伊川县康庄村老街路西，为坐北向南的两进院砖木结构。一进院院深17、进深6.5米，前房面阔五间，长14.15米，带前廊，廊宽1米，有鼓形柱础。屋顶双坡板瓦铺顶，正脊上有花形砖雕，建筑前有1.7米高的台阶。二门上方有一青石质匾，刻有"农

商克家"四字，门楼墀头上有动物形纹饰砖雕。二进院院深17、宽5、进深3.8米。上房有7个台阶，台阶高1.2米。上房和前房一样，也有鼓形柱础和前廊，但内部用木梁相隔为两层，上层可放置杂物。东西厢房形制简单，建筑下部各有一拱形洞，洞深7、宽3、高2.3米。康广清为民国时期人物，经商发家，乐善好施，在当地百姓中的威望很高。

故居外观

石匾额

墀头

凹里赵氏民居位于宜阳县张午乡凹里村中部，坐北面南。该民居为传统的四合院布局，现存东西厢房与正房。正房建于砖砌台明之上，面阔五间，硬山式砖木结构。五架梁，板瓦覆顶，脊上雕莲花。前檐辟廊，檐下施雕花斗拱。明间开四扇隔扇门，门上雕有"梅鹿望松"图案。门两旁开槛窗。墙体为青砖砌筑，山墙墀头雕有莲花图案。东西厢房亦为硬山砖木结构，面阔五间，

凹里赵氏民居

五架梁带前廊，小灰瓦覆顶，前廊两侧分别有拱形小门。据传，房主人叫赵常龙，辛亥革命时期曾在孙中山部下任职。该建筑对研究豫西地区民国时期的民居形态提供了重要的实物资料，具有一定的科学、历史和艺术价值。

民居全景

正房

正房正脊

伊鲁嵩县政府旧址

伊鲁嵩县政府旧址位于嵩县车村镇车村街。现存房舍1座，坐北面南，面阔六间，单檐硬山，土坯墙，板瓦盖顶，前檐柱饰垂花吊挂，木板楼棚，六檩，跨前廊出檐，第二、五间中开门，花格窗。1949年10月15日晋冀鲁豫野战军九纵军马克逊率两个连及伤病员、民兵进驻已经解放了的嵩县车村，并以车村为中心，建立伊鲁嵩县民主县政府。当时的县委书记为原鲁，马克逊担任县长、独立团长、政委。当时伊鲁嵩县下辖六个区。伊鲁嵩县从建立到撤县的两年多时间里，主要任务是：开辟根据地，建立政权，发动群众，剿匪反霸，减租减息，发展党、团组织等。它培养了一大批积极分子，建立了一支强有力的县、区武装力量和村级民兵武装力量，为当地的组织建设、稳定政权发挥了积极作用。

旧址外观

旧址大门

垂花吊挂

人民桥

人民桥位于新安县城东汉函谷关东门外200米，始建于1949年12月4日，竣工于1950年5月20日。桥体全部采用石质砌筑，现长62.5、高7、宽7.1米。桥面宽6米，共9孔，孔跨5米，墩宽2.1米，桥面平铺青石板，两边立水泥栏杆，每边24档，每档宽2.1、高1米。桥两端为土石结构。因涧水东移，桥东端引桥冲毁，桥下有涧水支流皂涧河通过。此桥建在函关古道上，属汉函谷关的重要组成部分。1972年310国道改造，该桥在新建的涧河"柳湾大桥"建成通车后停用。在桥北侧自西数第5、6孔中上方镶嵌石匾一块，宽1.2、高0.75米，铭文阴刻竖写"公元一九四九年十二月四日兴工"。

桥面

题记

吸水兽

李家岭戏楼

李家岭戏楼位于孟津县小浪底镇李家岭村，长10.7、宽6米，建于1952年。背面墙壁上书写"文革"时期标语"要团结、要民主、要活泼、要勇敢、要为人民服务"和"爱护公共财产、爱劳动、爱科学、爱祖国、爱人民"。

戏楼外观

戏楼背面

背面标语

栾川人民会堂位于栾川县城关镇文化路东侧约30米。会堂进深40.8米，面阔三间，宽15米，建筑面积612平方米。为砖木结构，青砖砌壁，灰瓦屋顶，大叉梁架。南端正面为风火山墙，中开大门，门口东西有水泥柱。大门东西墙体上开两层窗户，每层东西各为一窗，窗为木制方框式玻璃扇窗，已毁失，内部用砖砌挡。大门上方有"毛主席万万岁"等标语口号，均为水泥雕塑及

栾川人民会堂

油漆书写而成。正面墙体又有许多砖雕构建嵌饰。东西两面墙体上也均开有两层玻璃扇窗，东西相互对应。会堂内北端为观礼台（也可称舞台），南端分为两层看台，可供开会讲话及文艺表演使用。该会堂为新中国成立初期所建。

会堂全景

会堂上方标语

会堂上方标语

陶湾会堂

陶湾会堂位于栾川县陶湾镇陶湾老街西端，占地面积457.6平方米，为砖木结构建筑，青砖砌壁，大叉梁架。南端正面为风火山式墙壁，中开大门，砖砌台阶。东西各开一窗，窗为木制大方框式玻璃窗。东西两面均又开有侧门和侧窗，依然为方框式玻璃窗，且东西相应。会堂内北端为讲台（也可称舞台），专供开会讲话及文艺表演使用。该会堂为新中国成立初期所建，气势雄伟，美丽壮观。

会堂全景

题匾

柱石

160

原市委人大办公楼

原市委人大办公楼位于西工区凯旋东路51号院，占地面积2226平方米。其中，市委办公楼为洛阳市规划建筑设计研究院设计，占地面积1163平方米，总建筑面积4300平方米。大楼坐南朝北，中间4层，两端3层，东西长75米。洛阳市人大办公楼占地面积1063平方米，建筑面积3300平方米，东西长71米，坐南朝北，高3层。两座大楼采用对称式布局，正立面和背立面均经处理，外墙面窗间墙为清水砖墙，大门门罩上檐高为1层。

办公楼全景

办公楼

墙壁装饰

陆浑水库大坝

陆浑水库大坝位于嵩县田湖镇陆浑村南，兴建于1959年12月31日，由苏联水工专家N.A勃索夫斯基、地质专家B.H斯拉伏扬诺夫和中国专家共同选址。大坝全长710、高55、顶宽8米，系黏土斜墙沙卵石坝。东岸坝角建筑由明流泄洪洞、隧洞、输入洞、溢洪道、灌渠、发电站洞等组成。陆浑水库位于黄河主要支流——伊河中游上，是为根治黄河水患，配合三门峡水库消减黄河下游洪水，保证下游安全，开发黄河水利资源而建的重要工程，被列为国家一等工程。它大大消减了伊河龙门以下的洪水，为保障洛阳市工业城市的发展以及供水和防洪安全起着重要作用。

大坝全景

水位计

水闸

溢洪道

中国第一拖拉机制造厂工业建筑群位于涧西区建设路北，东为华山路，西为衡山路。现存苏式建筑包括"一拖"厂门、与厂门相连的两座办公大楼、广场上的毛主席塑像以及厂区内部分建筑等。厂门向南，中部高于两端，为带前廊的二层平顶门房，面阔九间。檐下正中有"第一拖拉机制造厂"八个大字；檐上中间为高约2米的"一拖"厂徽。两座办公大楼位于厂门两边，与厂

中国第一拖拉机制造厂工业建筑群

门相连，东西对称，规模形制相同，均为砖混式结构。楼门向北，楼顶四坡无脊，上覆红瓦。靠近厂门部分向南伸出，高六层，其余部分五层。厂门前有毛主席塑像一座，位于一长方形台基之上。塑像基座高约5米，表面贴暗红色石板，周围有铁护栏。塑像高约7.3米，为水泥塑成，涂成白色。毛主席身着军大衣，右手前挥，左手后背拿军帽，面向南方，表情凝重。"一拖"厂为我国"一五"重点建设项目之一，其建筑带有明显的苏式建筑风格。

厂门外景

厂徽

东侧办公楼

毛主席塑像

中国第一拖拉机制造厂十一号街坊

中国第一拖拉机制造厂十一号街坊位于涧西区中州西路南，东为陕北一路，西为陕北二路，南临陕西路，为庭院式布局。东西长约270、南北宽约176米，总面积约4.8万平方米。现存建筑共13幢，均为砖混式结构，平面为长方形或曲尺形。楼层一般为三层，少数楼局部为四层。红砖砌墙，两面坡顶上覆红色机瓦。其中13号楼等为典型的苏式建筑。在装饰上还带有明显的中国传统建筑元素。十一号街坊建于20世纪50年代，为当时苏联援建项目。

西北角楼

13号楼

14号楼楼门

洛阳矿山机械厂二号街坊位于涧西区青海路南，东临康滇路，西为武汉路，南临景华路。整个街坊坐东朝西，为庭院式布局。东西长约264、南北宽约130米，总面积约3.43万平方米。现存建筑10幢，均为砖混式结构。楼层一般高三层，平面长方形或曲尺形。一层开小门，门上伸出几案式雨棚，门前两侧各置一水泥门墩。红砖砌墙，屋顶两坡悬山式，上覆红色机瓦，中间用水

洛阳矿山机械厂二号街坊

泥砌出正脊。其中1、2、10号楼为典型的苏式建筑风格，平面规矩，左右对称，中间高两端低。装饰则体现出中国传统建筑风格，檐下仿出梁枋结构，顶层两窗间饰有海棠池子，门上雨棚也做成古典的几案式。二号街坊集中了许多当代名人旧居和苏联专家的办公室，其中4号、6号楼是习仲勋、焦裕禄、纪登奎等人的旧居。在前院有上世纪70年代修建的一座八角亭，黄绿琉璃瓦覆顶，翼角高翘，灵动雅致。二号街坊整体建于20世纪50年代，为当时苏联援建项目。

曲尺形住宅楼

山墙装饰

房顶烟囱

楼门

洛阳铜加工厂工业建筑群

洛阳铜加工厂工业建筑群位于涧西区涧河西岸，嵩山路以东，建设路以北。现存的工业建筑包括洛铜厂主楼、东侧办公楼及厂内其他建筑等。厂门向南，主楼平面呈倒"凹"字形，两端突出，共四层，总长90、宽16.5米，平顶，中部略高。中部三间为门厅，第四层中间的阳台带有石质护栏。窗户大小相等，整齐划一，在中部及两端的窗户下有似卷云纹的装饰图案。东侧办公楼为平面呈矩形的三层、四面坡斗篷式顶的砖混结构建筑，长66、宽15米。每层有16个窗户，部分窗户的顶部有砖砌的檐状装饰。该建筑为20世纪50、60年代前苏联援建，苏式风格明显。现建筑外表整体施成红色，保存基本完好，气势恢宏，很好地再现了当时的风格、面貌。

主楼

东侧办公楼

洛阳轴承厂门前广场

洛阳轴承厂门前广场位于涧西区中州西路以北，天津路与建设路交汇处的洛阳轴承集团有限公司大门前。广场平面呈长方形，南北长165、东西宽40米，总面积6600平方米。广场北部立有毛主席塑像。塑像坐落在一高1.8米、南北略长、大理石砌成的长方形台基上。台基北部有台阶供人上下，南有花坛。塑像下基座亦呈长方形，东西稍长，外表用红色瓷砖包砌，高9.5米。

毛主席塑像高大雄伟，面南而立，头戴军帽，身着军大衣，左臂自然下垂握拳，右臂高抬起作挥手状，塑像外表整体涂黄。广场的南部有草坪，与中州路相接。该广场带有浓厚的20世纪50、60年代社会主义工业化时期的印记。

毛主席塑像

广场北部

洛钢路社区跃进门

　　洛钢路社区跃进门位于洛阳市洛龙区关林镇洛钢路中段洛阳市四十二中进口对面偏东，面北，砖混结构。面阔三门，中门宽4.5、高4.7米；侧门宽1.5、高4.2米；门柱左右为砖混方柱，底座为工字型凸凹结构；顶部有四个砖混方柱工字型凸凹结构柱头，大门正中上方有一直径1米的圆形砖混图标，图标四周为镰刀麦穗、中部为钢包。该建筑始建于1958年，是大跃进时期的产物。

跃进门

背面

门上方装饰

太平小学九间楼位于洛龙区李楼乡太平村村委前，建于1958年。坐北朝南，悬山式土木结构建筑，两层双坡灰瓦布顶。面阔九间，进深6.5米，楼东西两头设外楼梯（西楼梯毁），东楼梯侧面镶嵌有建校捐助碑。

太平小学九间楼

外观

背面

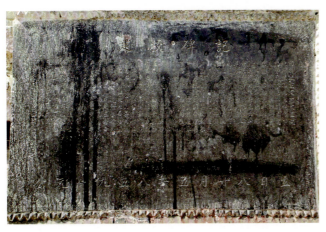

建校碑

青沟水库大坝

青沟水库大坝位于嵩县大坪乡官亭村东南伊河支流焦涧川上游的西江沟口，兴建于1958年，现水库由大坝、溢洪道、输水道、浮体闸门等部分组成。大坝全长162、宽5.4、高43.6米，均为黏土沙石结构。浮体闸门设计原理独特，利用排水的压力作用将浮体闸门浮起，从而起到拦水作用。这种闸门当时在河南仅有3座，该座是现今唯一保存完好的，现已停用。水库西部有简介碑一通。该水库总容量1035万立方米，实有灌区面积为3.24万亩。青沟水库的兴建，极大地服务了大坪、库区、闫庄乡农田灌溉。目前大坝正在进行整体加固除险维修。

水库

浮体闸门

输水闸门

前河大桥

前河大桥位于嵩县旧县镇前河村边，1967年3月动工兴建，1969年8月建成通车。该桥横跨伊河，全长182、宽8米，主拱净跨150米，为钢筋混凝土双曲拱桥，矢度为十分之一，以最大跨径闻名世界。拱顶厚2.2米，拱脚厚2.7米。主拱以上两方各有6孔净跨9米的小拱。桥面两侧有多幅毛主席语录，如"一切反动派都是纸老虎"、"政治工作是一切经济工作的生命线"等。桥面中央护栏有草书"前河大桥"，桥拱顶端也有"毛主席万岁"等大型正楷体标语。该桥由河南省交通厅勘测设计院设计。1975年3月，中南地区桥梁会议在嵩县召开，当时放映的科教影片《双曲拱桥》中介绍："前河双曲拱桥单拱跨度名列亚洲第一，世界第三。"此桥的修建为洛栾公路的交通运输提供了更大便捷。

大桥全景

桥面

护栏题字

刘河五七干校旧址

刘河五·七干校旧址位于新安县铁门镇刘河村，东侧50米为铁盐公路，西、北、南三面为农田。干校占地面积3392平方米，其中建筑面积1030平方米，共有房屋6座41间，有20间砖混结构，其余为砖木结构。该校建于1968年，属于文化大革命的特殊产物，是当时被打倒的"走资派"之类的干部劳动改造的场所，以后曾作为新安县教师培训基地。

全景

房屋外观

龙门火车站

龙门火车站位于洛龙区龙门镇洛龙路东龙门大道825号，始建于1969年，为焦枝铁路客运站。坐东朝西，南北一线排开四栋建筑，均为悬山式建筑，砖木结构，人字梁双坡红机瓦顶。票房和办公房为砖混木结构双层建筑。此站的设立曾为洛阳的交通事业作出了巨大贡献。

停站房

停站楼

站前小广场

铺沟伊河渡槽

铺沟伊河渡槽位于嵩县田湖镇铺沟村东，兴建于1970年2月。该渡槽长1323、高41、宽3米，由渡槽墩、架梁、管道三部分组成，全部用钢筋混凝土衬砌，桁架构筑。渡槽横跨伊河、洛栾快速通道及铺沟村庄。主河槽共17跨，单跨65米，西干渠跨伊河，经嵩县境，进入伊川县西部，北上至伊川县鸦岭乡，全长56公里。该渡槽为西干渠上的主要大型建筑，也是迄今为止河南省境内最高最长的渡槽。

渡槽远景

渡槽局部

伯乐桥位于孟津县朝阳镇伯乐村内，南北长10、东西宽7、高8.2米，涵洞宽2.8米、深8.6米。该桥为石拱桥，一个拱，东侧桥栏上刻重建伯乐桥记，上面记载："原伯乐桥桥小路窄，年深日久，风雨损坏，几乎不能行车过人，严重影响村民的生产生活。此桥系一村之咽喉要道，因此，伯乐村全体干群同心协力，在当时伯乐大队党支部及革委会领导下重建大桥。此桥于1971年

伯乐桥

4月25日开工，经月余竣工，一桥飞架南北，险路变通途，大大解决了沟两旁村民的生产生活不便。"

伯乐桥

重建伯乐桥记

附属建筑水簸箕

铁门红旗渡槽

铁门红旗渡槽位于新安县铁门镇铁门村西北部。渡槽以红砖砌造为主，渠底宽1、长约500、最高处6.2米。该渡槽建于1971年秋季，是提灌涧河水浇灌铁门村西北丘陵土地之用。渡槽在公路通过处一段有"文化大革命"时期遗存的两副对联，东面为"奋铁臂蛟龙俯首，换新天银河横渡"，西面为"浩气贯长虹，壮志改山河"。渡槽的修建反映了"文革"年代大集体所有制情况下的一种水利工程，是"文革"时期人民公社化的时代性代表产物。

渡槽近景

余粮大队旧址位于洛宁县城郊乡余粮村中部。建筑整体为坐北面南的二层小楼，平顶砖混结构，顶部为预制板。东西共10间。二层临街面东侧第4~6间有"为人民服务"五个大字；第七间下层为大门，门上有"洛宁城关余粮大队"八字，其上有水泥雨棚。东侧第4~6间背面为舞台，坐南朝北，背面与大队办公楼连为一体。舞台两侧浮雕对联"天连五岭银锄洛"、"地动山

余粮大队旧址

河铁臂摇"，横批"百花齐放推陈出新"。舞台正上方中心有红五星，两侧为和平鸽、牡丹花，内部也浮雕多处花草。舞台下为地下室。舞台东侧有楼梯可至大队部二楼。该建筑整体修建于1973年，其风格独特，政治色彩浓厚，突出体现了当时的社会背景，带有明显的历史烙印。

旧址外观

楼顶标语

北侧舞台

赵寨渡槽

赵寨渡槽位于偃师市高龙镇赵寨村西，为砖混结构，由提灌站和提灌渠两部分组成。提灌站位于渡槽北端，现已破损严重，一侧墙上仍存有五角星和"毛主席万岁"五个红色大字。渡槽大致呈南北走向，下部为青石、砖砌筑的拱形基座，宽1.5米；上部为混凝土浇筑的水槽，宽0.75、深0.4米。渡槽总长约560、高度约1.8米，拱跨度2.25～2.30米。在渡槽中部的翻水洞外墙上阴刻有"水利是农业的命脉"、"鼓足干劲，力争上游，多快好省的建设社会主义"、"农业学大寨"等革命语录6条。该渡槽由高龙公社赵寨大队于1973年3月修建。

渡槽翻水洞标语

渡槽南半段

提灌站

东关渡槽

东关渡槽位于宜阳县韩城镇东关村东北，南临郑卢公路，建于20世纪70年代初期，至今仍在使用。整个渡槽南北走向，全长630、宽1.1米，由排灌站和渡槽两部分组成。排灌站位于南端一深坑中，水泵安置其中。渡槽南高北低呈"多拱式"，上部筑槽，槽内宽0.7、深0.4米。拱高及跨度随地势由南向北递减，最南端拱高约8.3、跨度5米。拱下部金刚墙东西长1.1、南北宽0.52米。渡槽南部建成斜坡式，上置铁管通向泵房引水入槽。东关渡槽建于"文化大革命"时期，具有鲜明的时代特色。它吸收了传统拱桥建筑的优点，多拱相连，即省料又增加承重力，颇具特色。

渡槽全景

丰李公社旧址

丰李公社旧址位于宜阳县丰李镇丰李村南，为上世纪六七十年代丰李人民公社所在地。现存建筑整体坐南朝北，由包括临街房在内的6座排房组成。排房以中间过道为中轴左右对称分布，结构一致，布局整齐。大门左右立石柱，柱旁浮雕革命标语，门上部有毛泽东手写体"为人民服务"字样。临街房略宽，为上下双层建筑，其后的排房为简单的砖混结构双面坡式。每个院落的过道进门处有当时的宣传语录，如"大学毛主席著作、大立毛泽东思想"、"人民公社好"等，时代烙印极其强烈。该旧址为一处保存相对不错的社会主义计划经济时期的公共建筑，对进行爱国主义教育有一定的价值。

公社大门

过道口标识

过道

官庄胜利舞台

官庄胜利舞台位于宜阳县寻村镇官庄村中，北临郑卢公路。舞台坐南面北，建在高约1米的砂石台基上，面阔10.5、进深10.5米。木质三角梁架，双坡顶，顶覆红色机瓦。舞台正面上方中间高两边底，类似于风火墙。其上有"宜阳官庄胜利舞台"字样以及毛主席语录，最上方还塑有五角星和旗帜。舞台左右两侧有毛泽东诗句"四海翻腾云水怒，五洲震荡风雷激"。官庄胜利舞台建于上世纪70年代，带有浓厚的时代特征。

舞台

顶端雕塑

标语

朝阳粮仓

朝阳粮仓位于孟津县朝阳镇朝阳村，建于"文化大革命"时期。呈圆弧拱状，坐西向东，由4间砖券窑构成，长13.6、宽5.4米，建筑面积73.44平方米。粮仓北面墙壁上镌刻标语"抓革命、促生产"几个大字。该粮仓在"文化大革命"时期是储存粮食的场所，现已转为他用。

粮仓外观

粮仓北面

粮仓南面山墙

高平供销社旧址

高平供销社旧址位于新安县高平村，紧邻310国道，占地面积105平方米。整座建筑坐东向西，建筑基本保持原貌，现有房屋5间。房顶正中有三个"忠"字，门顶上方南北横幅"毛主席万寿无疆"标语。两门洞左右两侧各有仿毛泽东手书诗词对联一副，北门联为"春风杨柳万千条，六亿神州尽舜尧"；南门联为"四海翻腾云水怒，五洲震荡风雷激"。两门洞上方各有一枚五角星。以上图文均为水泥浮雕，保存较完整。

旧址外观

屋顶装饰

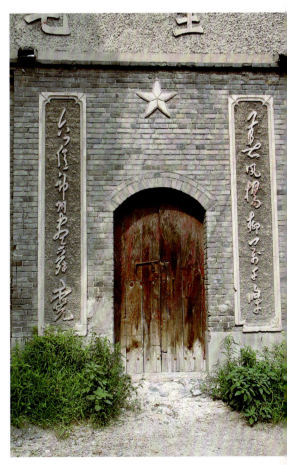

大门

正村卫生院旧址

正村卫生院旧址位于新安县正村乡正村村西，面积876平方米。整组建筑坐南朝北，现存楼房1座，上下共计12间，原为门诊部及药房；西厦房9间，原为住院部。楼房东大门口有"文革"对联一副，西为"天塌地陷志不移"，东为"永远跟着毛主席"，横额为"为人民服务"。现建筑基本完好，部分地方有裂缝。

旧址全景

旧址外观

旧址外观

府店大队卫生室位于偃师市府店镇府店村中，坐南朝北，为一面阔三间的两层砖混结构楼房。卫生室整体建于高约0.3米的砖石基础上，青砖砌墙，两面坡顶，红色机瓦覆顶。四开木质大门，两侧浮雕有毛泽东诗词对联一副："四海翻腾云水怒"、"五洲震荡风雷激"，门上方有遮雨棚。大门两侧各有1副长方形木框玻璃门窗，二楼正面有3副门窗。一、二层之间东西两侧

府店大队卫生室

浮雕毛泽东七律诗词《送瘟神》。卫生室内为水磨石地板，墙面为白灰粉刷。该建筑结构规整，保存完好。

卫生室全景

大门

一、二层间西侧毛主席诗词

西街老戏台

西街老戏台位于汝阳县城关镇西街村。现存戏台一座，坐西面东，东西6.4、南北13、高7米，建筑面积83.2平方米。台东面墙壁用青砖修砌，留有南北7、高3.8米的长方孔，孔上方用混凝土雕塑，正中为五角星，两边为三面红旗的会徽图案，下边用混凝土雕塑隶书"敬祝毛主席万寿无疆"，左侧用混凝土雕塑草书"五洲震荡风雷激"，左侧用混凝土雕塑草书"四海翻腾云水怒"。现长方形孔为红砖墙体所堵塞。该建筑为"文革"时期文艺宣传和大型会议的活动场所。

题记

戏台外观

东沟水库大坝

东沟水库大坝位于汝阳县付店镇东沟村，是1975年建造在斜纹河上游的一座小型水库。大坝为东西走向单坡梯形石坝结构，东西长65米，坝基宽11米，坝顶宽2米，整体建筑面积715平方米。大坝上部中间设有溢洪道，总库容10.05万立方米，控制流域面积3.3平方公里，设计灌溉面积0.05万亩，受益乡村为东沟、马庙等村。

大坝全景

大坝远景

嵩县伊河大桥

嵩县伊河大桥位于嵩县县城南800米处，修建于1975年2月，1976年10月建成通车。该桥为混凝土桁架拱桥，全长490、宽9、净宽7.42米。大桥横跨伊河，共9孔，每孔跨度大约为50米。两侧人行道各宽0.8米，桥栏高1.2米。桥面为顶应力空心板。桥面矢跨比为七分之一。该桥由上海同济大学设计，两片桁架轴距5.5米。在当时质量居优，全国首创。此桥的修建对解决县城南部纸房乡、黄庄乡的出行交通提供了很大的便利。

大桥全景

大桥局部

桥墩

孙店石拱桥位于嵩县车村镇孙店村中学门前，与河南村相连。该桥兴建于1976年，横跨洛河，系水泥钢筋石块构筑而成的三孔石桥，全长112、宽3.4、高7米。桥面用水泥铺平，两侧护栏为方形水泥立柱加横梁，护栏东侧水泥方框阴刻"毛泽东思想长存"，西侧为"永远怀念毛主席"标语，内侧为楷书，外侧则为行书，刚劲有力，美观大方。桥身两侧桥墩上部圆形水泥牌刻

孙店石拱桥

写"洛河飞渡"、"群英造□"。推测该桥的落成时间在毛主席逝世不久，带有强烈的时代印记，是当时特殊政治环境下的产物。

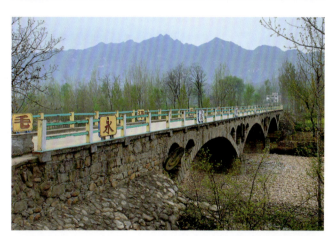

石桥远景

石桥

桥面

闫村渡槽

闫村渡槽位于嵩县何村乡闫村北边的耕地上，兴建于1976年。该渡槽东西横跨两坡之间，均为水泥、石块构筑而成，现有槽墩、架梁、供道、渠道几部分组成，全长110、宽1.5米，渡槽最大拱跨度12米。沟河、渠道两侧用砖砌而成。该渡槽灌渠是引黄村水库主要渠道。

渡槽拱部

渡槽局部

水槽

闫庄东风渠首位于嵩县大坪乡郝家岭村西洛栾公路边。该渠兴建于1976年，因当时属闫庄乡，所以称闫庄东风渠。渠首为水泥混凝造建，样式为拱型大门式，宽3.5、高2.7米，拱宽1.2米。两侧设水泥柱子，渠首上刻对联一副，上联"为有牺牲多壮志"，下联"敢教日月换新天"，横联"闫庄东风渠"，外侧刻有草书"农业学大寨"、"水利是农业的命脉"等标语。该渠首是青沟水库的主要灌渠，保存较好的标语是当时特殊政治环境的再现，时代特征明显。

闫庄东风渠首

全景

大坪公社4号水塘

大坪公社4号水塘位于嵩县大坪乡庄科村北的农田地中，兴建于1976年。水塘平面呈椭圆形，周长160、深6米，面积约2000平方米。塘池内设有紧贴内墙的台阶，塘边用红砖砌有花护栏。东边设长方形水泥制作的排灌洞，高2、宽3.2米，两侧有2米宽的台基，上方中间有水泥刻写的"水利是农业的命脉，大坪公社4号塘"字样及五角星图案。该水塘是大坪庄科村一带保存不错的"文革"期间农田水利设施。

水塘

塘内台阶

排灌洞

大柿树渡槽位于孟津县小浪底镇大柿树村，建于20世纪70年代，为原煤窑乡提黄灌溉工程。渡槽一孔跨度21米，四孔总长80米，桥墩宽度1.5×1.4米，高度不等。

大柿树渡槽

渡槽远景

渡槽

渡槽局部

挂龙崖隧洞

挂龙崖隧洞位于汝阳县上店镇西庄村西，始建于1977年7月，是上黄路通过挂龙崖的一个隧洞。东西长98.5、宽6.5米，建筑面积640.25平方米。隧洞拱顶为自然石顶。东西洞口为混凝土拱券，券基高2米，拱券高3米，券顶高1.5米，券总高6.5米。该隧洞在上黄公路交通运行中具有重要作用。

隧洞

隧道局部

郝湾渡槽位于伊川县白沙乡郝湾村西200米处，现存两部分。南端为申岭三号隧洞口，青石混砌，由巩县小关公社于1977年建造。渡槽位于北端，为混凝土结构，全长780、宽6.5米，西南-东北走向，共有12个拱支撑全槽。每拱跨度为52.25米，每拱有9小节，拱高10、宽5.2 、壁厚0.5米，拱面都做成弧形，拱内侧每隔3米处有扇形混凝横梁。拱上方立方形柱，柱上架横梁，梁

郝湾渡槽

上架槽，槽深5、宽4.5米。渡槽的两侧各有走道，道宽1.5米，走道两侧有内、外护栏，且内栏低于外栏。渡槽的南端槽身上刻写有"陆浑灌区郝湾渡槽 巩县回锅镇公社 1979年建"字样。该渡槽为当地农民生产作出了巨大的贡献。

渡槽远景

渡槽局部

渡槽隧洞口

克村渡槽

克村渡槽位于宜阳县盐镇乡克村村北，南临宜石路，北紧临北沟。渡槽大体东西走向，现存全长约120米，东端向北折向北沟。整个渡槽为砖混结构，下部为多拱相连，拱下部金刚墙为水泥砌筑，上部用青砖砌筑。最东端拱高

8、跨度4米，拱高由东往西逐渐降低。拱的上面建有水槽，槽宽0.5、深0.4米。渡槽最东端建成斜坡状，原有引水管伸向北沟，现已不存。克村渡槽建于上世纪70年代，是当时大兴农业背景下的水利工程之一。该渡槽吸收了传统拱桥的优点，以连拱结构支撑水槽，既坚固又省料，造型优美，气势宏伟，在当时的农业建设中发挥了重要作用。

渡槽全景

渡槽东端

四岭村渡槽位于宜阳县莲庄乡四岭村西，北临洛河，南北走向，全长770米。整个渡槽采用了建槽墩上筑水槽的建筑方法，最北端槽墩下部厚0.64、宽1.2米，下宽下窄，高约9米，相邻两槽墩相距7.4米，墩下方刻有"自力更山搞水利，艰苦奋斗夺高产"字样。槽墩由北向南逐渐降低，上筑直径为1米的半圆形水槽。渡槽最北端建成斜坡状，斜坡下部砌成拱券状，斜

四岭村渡槽

坡上置铁水管和井房相连，引水入槽。该渡槽建于20世纪70年代，现为当地农业生产继续发挥着作用。

渡槽全景

北端槽墩下标语

渡槽中部

南端

龙王幢桥

龙王幢桥位于栾川县庙子乡龙王幢村的伊河之上，为单孔石拱结构。桥长74、宽5.5米，拱圈跨度为41.5米，圈高13.8米。大孔上部两侧有6个小孔，小孔宽均为3.65米。桥面与桥栏均用混凝土铺筑。该桥跨度大，弓圈高，桥体长，气势雄伟壮观。建成于1986年5月，目前仍在使用。

石桥全景

桥面

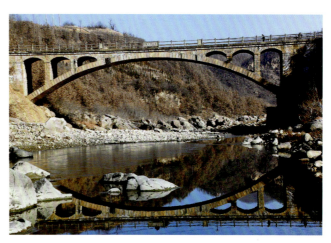

石桥

虎盘水库大坝位于汝阳县王坪乡大庄村，始建于1984年6月，1989年竣工。坝总长度148米，坝基宽8米，坝顶宽2米，坝总高46米。该坝为内拱石拱大坝，坝顶中部设有4孔溢洪道，坝顶部设有人行道和护栏，护栏高1米。该坝拦截总库容1060万立方米。

虎盘水库大坝

大坝全景

大坝

坝体

其他遗迹

洛阳市第三次全国文物普查新发现

两河口冰川遗址

两河口冰川遗址位于嵩县车村镇两河口村腊河村民组附近的汝河边上。该遗址被当地老百姓称为"石头盆"，多数呈椭圆形，也有的为圆形，部分为半圆形。大小不等，共有10多个，其特征相同，内壁光滑，最大的口径1.2米，最小的口径0.5米。当地百姓经常在此进行祭祀、求雨等活动。该"石头盆"似是古代冰川运动产生的特殊地理奇观——"冰臼"。"冰臼"是指史前时期的冰川融水携带冰碎屑、岩屑物质，沿冰川裂隙自上而下以滴水穿石的方式对下覆基岩进行强烈冲击和研磨所形成的石坑，是古冰川作用形成的重要遗迹，也是古冰川曾经存在过的重要证据，一般形成于距今二三百万年前。该"石盆子"是否为"冰臼"还有待进一步认定。

遗址局部

遗址局部

大小不等的"石头盆"

千年银杏林又名唐代银杏林，位于嵩县白河乡上寺、下寺村周边。共有银杏树约150棵，树龄500多年的有30多棵，最古老的有1300余年，最大的树高39米，胸围7.5米。银杏树俗称"公孙树"，意为祖上栽树，孙辈食果，属孑遗植物群。该银杏林初为唐代云岩寺僧人栽植培育，后经宋、元、明、清代，树种自然繁衍而成。伏牛山云岩寺至迟在明代就与白马寺、少林寺、相国寺

千年银杏林

并称，为中原佛教发祥地之一。银杏树在佛教界被奉为"菩提树"，故佛寺周围广植广育。1997年被嵩县人民政府确定为"古树名木"加强保护，编号、挂牌。该银杏树群是目前世界上数量最多、生长最密集、保存最完整的一处千年银杏群落，2007年6月获吉尼斯古银杏群落之最。

古银杏树

古银杏树

后　记

　　根据洛阳市第三次全国文物普查办公室的工作部署，经市、县两级文物部门历时4个月的共同努力，我们编写了《洛阳市第三次全国文物普查新发现》，目的主要是对文物普查前期工作进行梳理和总结。该书编委会多次组织会议，就该书的结构、体例以及条目筛选进行讨论。从全市第三次全国文物普查新发现的3320处文物点中，初选400余处，最后确定188处收录此书，基本反映了洛阳市第三次全国文物普查的最新成果。

　　该书的编写得到了各县（市、区）文物普查办公室的密切配合，提供了翔实的文字和图片资料；市文物普查组对上报和初选的普查资料进行了整理；本书编委会组织专人对书稿进行了完善和定稿。在此一并致谢！

　　由于时间较紧，条目较多，有不妥或错误之处敬请指正。

编　者

2009年8月8日

装帧设计：曹　艳
责任印制：梁秋卉
责任编辑：王　霞
　　　　　张小舟

图书在版编目(CIP)数据

洛阳市第三次全国文物普查新发现／洛阳市文物管理局编著．－北京：
文物出版社，2009.10
ISBN 978-7-5010-2850-4

Ⅰ.洛⋯　Ⅱ.洛⋯　Ⅲ.文物－考古发现－洛阳市　Ⅳ.K872.613

中国版本图书馆CIP数据核字(2009)第180806号

洛阳市第三次全国文物普查新发现

洛阳市文物管理局　编著

文物出版社出版发行

北京东直门内北小街2号楼
http://www.wenwu.com
E-mail:web@wenwu.com
北京圣彩虹制版印刷技术有限公司制版印刷
2009年10月第1版　2009年10月第1次印刷
787×1092　1/16　印张：13.25
ISBN 978-7-5010-2850-4
定价：160.00元